四部要籍選刊・經部
蔣鵬翔 主編

阮刻儀禮注疏
三

〔清〕阮元 校刻

浙江大學出版社

本册目録

儀禮疏卷第十四　　儀禮卷第六

唐朝散大夫行大學博士弘文館學士臣賈公彥等撰

燕禮第六

（疏）燕禮第六。○鄭目錄云諸侯無事若卿大夫有勤勞之功與羣臣燕飲以樂之燕禮於五禮屬嘉。大戴第十二小戴及別錄皆第六。○釋曰案上下經注燕有四等目錄云諸侯無事而燕一也卿大夫有王事之勞二也卿大夫又有聘而來還與之燕三也四方聘客與之燕四也若然目錄云卿大夫有勤勞之功聘使之勞兼王事之勞二也者知臣子覜聘還與之燕者四牡勞使臣是也知有王事之勞燕者下記云若以樂納賓則賓及庭奏肆夏鄭注云卿大夫有王事之勞則奏此樂焉是也知君臣無事有燕者案魯頌云夙夜在公在公明明振振鷺鷺于下鼓咽咽醉言舞于胥樂兮鄭箋云君臣無事則相與明義明德而已絜白之士羣集於君之朝君以禮樂與之飲酒燕樂以盡其歡是其無事而燕也又知賓及庭奏肆夏是己之臣子有王事之勞者案郊特牲云賓入大門而奏肆夏鄭注云賓朝聘者是異國聘賓入大門奏肆夏故知記云賓及庭奏肆夏者是己之臣子也又知異國聘賓有燕者聘禮所云

燕與時賜者是也

儀禮　鄭氏注

燕禮小臣戒與者小臣相君燕飲之法。與者謂留羣臣也君以燕禮勞使臣若臣有功故與羣臣樂之小臣則警戒告語焉飲酒以合會爲歡也

疏燕禮小臣戒與者○釋曰自此巳下盡射人告具論告戒羣臣及陳饌之事必使小臣戒與者以其燕爲聘使者爲主兼與舊在者歡樂之故今戒可與之人使依期而至○注小臣至歡也○釋曰云小臣相君燕飲之法者案周禮大僕職云王燕飲則相其法又案小臣職云凡大事佐大僕則王燕飲大僕相小臣佐之此諸侯禮降於天子故宜使小臣相是以下云小臣師一人在東堂下注云師長也小臣之長臣一人猶天子大僕正君之服位者也是諸侯小臣當大僕之事云與者謂留羣臣也者謂羣臣留在國不行者也云君以燕禮勞使臣若臣有功者此即目録卿大夫有勤勞之功勞使臣即四牡勞使臣也若臣有功即王事之勞也故鄭揔云卿大夫勤勞之功若然鄭不言與羣臣無事燕者以其經云戒與者功勞之外與及之爲有事之臣燕不得云無事燕者云故不言之案大射云君有命戒射者以其大射辨尊卑故云君有命明政教出尊者出燕禮主歡心不辨尊卑故不言君

有命

膳宰具官饌于寢東膳宰天子曰膳夫掌君飲食膳羞者也具官饌具其官之所饌謂酒也牲也脯醢也寢露寢

【疏】膳宰至寢東○注膳宰至路寢○釋曰以其燕在寢故膳宰具官饌于寢東擬燕時設之云膳宰天子曰膳夫掌君飲食膳羞者也以其天子有宰夫兼有膳夫掌君飲食諸侯亦有宰夫復有膳宰掌君飲食與天子膳夫同故引天子膳夫並之云具官饌具官之所饌者謂卿大夫士之饌揔饌之大射亦用燕禮直云官饌不言膳宰與此同不言者文不具云謂酒也牲也脯醢也知者案下所設亦有此三者牲即其牲狗也云寢路寢者以其饗在廟服朝服下記云燕朝服於寢正處在路寢不在燕寢可知故云路寢也案公食大夫云凡宰夫之具饌于東房不使膳宰者彼食異國之大夫敬之故使宰夫具饌此燕己臣子故使膳宰卑者具饌必知膳宰卑於宰夫者案天子宰夫下大夫膳夫上士天子膳夫卑於宰夫則知諸侯膳宰亦卑於宰夫者也

樂人縣縣鍾磬也國君無故不徹縣言縣者爲燕新之

【疏】樂人縣○注縣鍾至新之○釋曰案大射樂人宿縣在射前一日又具辨樂縣之位者以其大射在學宮學宮不常縣樂射乃設之故射前一日縣之又辨樂縣之位此燕在路寢有常縣之樂今言樂

人縣者爲燕新之而已故不在燕前一日又不辨樂縣之處又直云樂人未知樂人意是何官案周禮春官大司樂云凡樂事宿縣又案樂師云凡樂成則告備是天子有大司樂幷有樂師之官案序官樂師下大夫四人上士八人下士十有六人以此知天子有大司樂樂師諸侯無大司樂直有大樂正小樂正以其諸侯兼官此二者皆當天子樂師大夫及士則諸侯樂師不用大夫大樂正當上士小樂正當下士爲之故鄭下注云樂正于天子樂師也大射注亦云小樂正於天子樂師若然縣樂之法案周禮眡瞭職云掌大師之縣鄭注云大師當縣則爲之案下僕人相大師則諸侯無眡瞭則使僕人縣樂大師以聲展之樂師又監之云縣鍾磬也者案小胥天子宮縣諸侯軒縣面皆鍾磬鎛各一虡大夫判縣士特縣不得有鎛故云鍾磬案下唯有磬而無鍾而云鍾磬者鄭汎解樂縣法故兼言鍾其實諸侯之士特縣磬而已云國君無故不徹縣者案曲禮唯有大夫無故不徹縣士無故不去琴瑟不言國君但大夫無故不徹縣則國君無故亦不徹縣可知鄭以燕禮爲國君法故以義約之也云言縣者爲燕新之者更整理樂縣之法爲新之也

設洗篚于阼階東南當東霤罍水在東篚在洗西南肆

設膳篚在其北西面設此不言其官賤也當東霤者人君爲殿屋也亦南北以堂深肆陳也膳篚者君象觚所饌也亦南陳言西面尊之異其文

疏設洗至西面○注設此至其文○釋曰云設此不言其官賤也者決膳宰具官饌樂人縣司宮設尊皆言其官獨此不言官故知賤也案少牢司宮設罍水大夫兼官此國君禮或可別人爲之但無文故鄭不細辨云當東霤者人君爲殿屋也者漢時殿屋四向流水故舉漢以況周言東霤明亦有西霤對大夫士言東榮兩下屋故也云亦南北以堂深者亦士冠禮鄉飲酒等也云膳篚者君象觚所饌也者案下文洗象觚升實之東北面獻于公是也但尊君不可與臣同篚故別釋之也云亦南陳者亦陳之南肆者也言西面尊之異其文者欲見膳篚西面南肆者亦西面此不可言南肆而言西面是尊君之篚故異其文也

司宮尊于東楹之西兩方壺左玄酒南上公尊瓦大兩有豐冪用綌若錫在尊南南上尊士旅食于門西兩圜壺司宮天子曰小宰聽酒人之成要者也尊方壺爲卿大夫士也臣道直方於東

盥之西予君專此酒也玉藻曰唯君面尊玄酒在南順君之面也瓦大有虞氏之尊也禮器曰君尊瓦甒豐形似豆卑而大冪用綌若錫冬夏異也在尊南在方壺之南也尊士旅食者用圜壺變於卿大夫也旅衆也士衆食謂未得正祿所謂庶人在官者也今文錫爲緆

【疏】司宮至圜壺○注司宮至爲緆○釋曰云司宮天子曰小宰聽酒人之成要者也者案天官小宰職掌建邦之宮刑以治王宮之政令是小宰掌宮事此諸侯無小宰有司宮明司宮亦當掌宮刑治宮之政令可知是司宮掌宮事與小宰同又案酒正云酒正之出日入其成月入其要小宰聽之此司宮亦設酒尊當掌酒事與小宰同是以知此諸侯司宮當天子小宰者也若然案酒正云酒正之出日入其成月入其要小宰聽之案彼文則是小宰聽酒正之成要此注云聽酒人成要者案彼注云出謂授酒材及用酒之多少也受用酒者日言其計於酒正酒正月盡言於小宰云日言其計於酒正者是酒人也酒正月盡揔言於小宰則是小宰所聽者並是酒人所言故鄭之此注據酒人而言也云尊方壺爲卿大夫士也者以其燕揔有卿大夫士又別有公尊瓦大兩故知方尊爲此人也云於東楹之西予君專此酒也者此決鄉飲酒鄉射皆於房戶之閒賓主共之此於東楹之西向君設之人君尊專大惠故云予

君專此酒也引玉藻者欲見尊面向君順君面非賓主共之意案少儀云尊壺者面其鼻鄭注云鼻在面中言鄉人也鄉人者據此燕禮尊面向君而言少儀又云尊者以酌者之左爲上尊鄉飲酒云尊兩壺于房戶之間玄酒在西又鄉射云尊於賓席之東兩壺斯禁左玄酒鄭注云設尊者北面西曰左此等皆據酌者北面而言玄酒在左若據設尊之人及尊面而言即南面以右爲尊此燕禮尊面向君據君面以左爲尊玄酒在南若據酌者不得背君而西面當尊西東面則酌者之右爲上尊是以下文媵爵于公者交於東楹北也云瓦大有虞氏之尊也者明堂位文引禮器君尊瓦甒大射亦云膳尊兩甒不引大射而引禮器者鄭欲同此三者之文皆是一物故也云豐形似豆卑而大者據漢法而知但豆徑尺柄亦長尺此承尊之物不可同於常豆故知卑而大取其安穩也云冪夏絺冬錫冬夏異也者夏宜用絺冬宜用錫葛之粗者曰絺按喪服傳云錫者何也麻之有錫者也錫者十五升抽其半無事其縷有事其布曰錫鄭注云治其布使之滑易是也云在尊南在方壺之南也者其冪本爲瓦大設今未用陳在方壺之南者不可在方壺瓦大之閒相雜故也瓦大不言玄酒者以其言瓦大兩又言南上有玄酒在南可知凡無玄酒者直陳之而已不言上下是以此尊士旅食直云兩圜

壺大射亦云兩圜壺特牲尊兩圜壺於阼階西方亦如之皆是無玄酒不言上下也又凡用醴者無玄酒士冠禮醴子昏禮醴婦聘禮禮賓醴皆無玄酒質故也昏禮房外之尊無玄酒鄭云畧之此及大射尊士旅食無玄酒鄭云賤也特牲少牢陽厭納一尊無玄酒鄭注云禮殺也士喪既夕士虞皆有酒醴無玄酒者以凶變於吉故也特牲東西階兩壺無玄酒者注云優之云士衆食謂未得正祿者以其士大夫已上得正祿王制云下士九人祿中士倍下士上士倍中士下大夫倍上士卿四大夫祿皆正祿此則未得正祿云所謂庶人在官者也者所謂王制文故王制云庶人在官者其祿以是爲差謂府史胥徒謂府八人祿史七人祿胥六人。徒五人。皆非正祿號爲士旅食者也

司宮筵賓于戶西東上無加席也

筵席也席用蒲筵緇布純無加席燕私禮臣屈也諸侯之官無司几筵也

疏 司宮至席也○注筵席至筵也○釋曰云筵席也者案周禮序官司几筵鄭注云鋪陳曰筵藉之曰席然其言之筵席通若然鋪陳曰筵者先鋪一席在地者藉之曰席席據重巳上相承藉者筵席一也故鄭云筵席通云席用蒲筵緇布純者案公食大夫記云蒲筵常緇布純加萑席尋玄帛純彼有加席故有萑在上此無加席故言席用蒲云

無加席燕私禮臣屈也者對公食大夫禮異國之賓有加席禮得申云諸侯之官無司几筵也者對天子有司几筵布席諸侯兼官使司宮設尊并設席

射人告具

告事具於君射人主此禮以其或射也

【疏】射人告具○注告事至射也○釋曰云射人主此禮以其或射也者案公食大夫禮贊者負東房告具以其無射故使贊者告此乃射人告具與大射同案下文若射則不獻庶子言若者或射或不故此鄭注云以其或射言或亦是不定之義案大射告具之上有羹定此不言羹定者文不具也

小臣設公席于阼階上西鄉設加席公升即位于席西鄉

周禮諸侯胙席莞筵紛純加繅席畫純後設公席者凡禮卑者先即事尊者後也

【疏】小臣至西鄉○注周禮至後也○釋曰自此下盡諸公卿者論君臣位次及命羞者之事注引周禮者司几筵之文也彼諸侯祭祀神席及受酢之席此乃燕飲之席引之者欲見燕飲與受酢席同若饗諸侯來朝則郊特牲云大饗君三重席而酢焉是也燕他國之臣即郊特牲云三獻之介君專席而酢焉此降尊以就卑也故君單席受酢也云後設公席者凡禮卑者先即事尊者後也者此燕私禮故賤者先即事大射辨

尊卑故先設公席後設賓席也小臣納卿大夫卿大夫皆入門右北面東上士立于西方東面北上祝史立于門東北面東上小臣師一人在東堂下南面士旅食者立于門西東上納者以公命引而入也自士以下從而入即位耳師長也小臣之長一人猶天子大僕正君之服位者也凡入門而右由闑東左則由闑西

疏小臣至東上〇注納者至闑西〇釋曰云卿大夫皆入門右北面東上者此是擬君揖位故下經君始爾之就庭位云士立於西方東面云北上者此是士之定位士賤故不待君揖入門即就定位云祝史立於門東北面東上者案大射大史在豻侯之東北北面不言祝此言祝史不言大史者大射及下文云大史俟於所設中之西東面以聽政嫌其位初在此不在豻侯之東北故著大史以明之其餘祝史彼不言者以其大射先行燕禮此燕禮有祝史故於彼不言省文也云納者以公命引而入也者雖無正文進止由君故知以公命者也云自士已下從而入即位耳者對大夫以上小臣引之就門東揖位未就庭

位自士已下。不須引從大夫而入徑即庭位云師長也小臣之長一人猶天子大僕正君之服位者也者案夏官大僕職云掌正王之服位出入王之大命彼下文有小臣之官上士四人其職云掌王之小命詔相王之小法儀諸侯兼官無大僕唯有小臣出入君之教命正君之服位但諸侯小臣之官有上下是以大射云小臣師從者在東堂下南面西上又云小臣正贊袒若然諸侯小臣正亦有小臣師大射禮小臣正相君小臣師佐之常在君左右不在堂下之位故唯云小臣師從者在堂下南面此燕輕宜有小臣師及從者相君燕飲小臣正一人無事得在堂下此言小臣師即大僕小臣正一也故鄭以為當天子大僕云凡入門而右由闑東左則由闑西者鄭云凡入門者廣解賓主人入門之義案曲禮云大夫士出入君門由闑右又玉藻云公事自闑西私事自闑東言私事即大夫士出入君門一也又與此經卿大夫士入君門亦由闑右同公事自闑西者即聘禮聘賓入由闑西是也若然此注云入門而右由闑東者是臣朝君之法也左即由闑西者是聘賓人門之法

公降立于阼階之東南南鄉爾卿卿西面北上爾大夫大夫皆少進爾近也移也揖而移之近

之也大夫猶北面少前

疏公降至少進○注爾近至少前○釋曰曲禮云揖人必違其位是以公將揖卿大夫降立於阼階之東南南面揖之變揖言爾者爾訓近也移也卿大夫得揖移近中庭也是以鄭云揖而移之近之也云大夫猶北面少前者三卿五大夫初入門右同北面三卿得揖東相西面五大夫得揖中庭少進北面不改故云大夫猶北面少前

射人請賓命當由君出也

疏射人請賓○注命當由君出也○釋曰案大射云大射正擯擯者請賓此直云射人請賓不云爲擯者但射人有大小大者爲大射正其次爲射正又其次爲司正悉監射事見於大射禮大辨尊卑故云大射正小射正爲擯此燕禮或因燕而射以其禮輕或大射正爲擯或小射正爲擯此二者皆是射人故直云射人請賓不定尊卑也既當請君不稱射人面位者以其君南面射人北面可知故不言

公曰命某爲賓某大夫也

疏公曰命某爲賓○注某大夫也○釋曰知大夫非卿者以其賓主相對宰夫爲主人是大夫明賓亦是大夫燕義云不以公卿爲賓而以大夫爲賓爲疑也故知是大夫

射人命賓賓少進禮辭命賓者東面南顧禮辭辭不敢也

疏射人至禮辭○注命賓至敢也○釋

曰鄭知命賓者東面南顧者少儀云詔辭自右明知在君之右東面者向君南顧者向賓便也知禮辭辭不敢者取孝經曾子云參不敢爲義

反命射人以賓之辭告於君又命之賓再拜稽首

許諾又復射人反命告賓許賓出立于門外東面當更以賓禮入

〔疏〕賓出至東面○注當更以賓禮入○釋曰前卿大夫從臣禮相從而入故出更以賓禮入是以下經賓入及庭公降一等揖之

公揖卿大夫乃升就席揖之人之也

〔疏〕公揖至就席○注揖之人之也○釋曰言人之者公將及升堂故以人意相存偶是以揖之乃升

小臣自阼階下北面請執冪者與羞膳者執冪者執瓦大之冪也方圜壺無冪羞膳羞於公謂庶羞

〔疏〕小臣至膳者○注執冪至庶羞○釋曰云執冪者執瓦大之冪也方圜壺無冪鄭知者以其上文冪用綌文承瓦大之下方圜壺不言冪故知義然云羞於公謂庶羞者知羞於公者以其言羞膳據君而言又與執冪者連文冪據君明羞膳據公可知又知是庶羞者以其牖醢稱薦明羞是庶羞

乃命執冪

者執冪者升自西階立於尊南北面東上以公命於西階前命之也東上玄酒之冪為上也羞膳者從而東由堂東升自北階房中西面南上不言之者不升堂畧之也

疏乃命至東上○注以公至畧之也○釋曰鄭知西階前命之者案下記云羞膳者與執冪者皆士也士位在西方東面故知西階前以君命命之云東上玄酒之冪為上也者以其唯瓦大兩有冪玄酒尊於正酒經云東上故知玄酒之冪為上羞膳者以下盡畧之鄭知義然者以經直云執冪者升自西階羞膳者無升文又且東面階西面階婦人之階非男子之所升則羞者升自北階知由堂東者以羞在房又大射云工人士與梓人升自北階知房中西面南上者約士冠禮脯醢在房中服北贊者盥于洗西升立于房中西面南上下注云近其事也言畧之者解不由前堂升執冪與羞膳臨時請者以其諸侯兼官有常職先定亦有臨時命之者是以經與記直云士不言其官不請羞賓者下記約與君同亦用士也

膳宰請羞于諸公卿者小臣不請而使膳宰於卑者彌畧也禮以異為敬

疏膳宰至卿者○注小臣至為敬○釋曰言彌畧者上請賓使射人請執冪使小臣已是其畧今羞諸公卿

乃使膳宰膳宰甲於小臣故云彌略也知膳宰甲於士者周禮膳夫是上士此諸侯膳宰明非上士且禮之大例薦羞者尊於設俎者公士爲薦羞膳宰設俎故知膳宰甲也

射人納賓射人爲擯者也今文曰擯者

疏射人納賓○注射人至擯者○釋曰自此至賓以虛爵降論賓升堂主人獻賓之事案大射大射正擯此云射人爲擯與上射人請賓義同還是小射正也

賓入及庭公降一等揖之及至也至庭謂既入而左北面時

疏賓入至揖之○注及至至面時○釋曰鄭知至庭謂既入而左北面時者以其云賓入及庭賓入謂入門時及庭謂賓入門而出堂塗北面是其當公降揖之節故知北面時也

公升就席以其將與主人爲禮不參之也

疏公升就席○注以其至之也○釋曰鄭知將與主人爲禮不參之者下經云賓升主人亦升是其賓與主人爲禮不得相參之也

賓升自西階主人亦升自西階賓右北面至再拜賓荅再拜主人宰夫也宰夫大宰之屬掌賓客之獻飲食者也其位在洗北西面君於其臣雖爲賓不親獻以其尊莫敢伉禮也至再拜者拜賓來至也天子

膳夫爲獻主〔疏〕賓升至再拜○注主人至獻主○釋曰知主人是宰夫者案燕禮記燕義云使宰夫爲獻主是也云宰宰夫大宰之屬者案天官云大宰卿一人小宰中大夫二人宰夫下大夫四人宰夫屬大宰故云大宰之屬云掌賓客之獻飲食者也者案宰夫職云凡朝覲會同賓客掌其牢禮委積膳獻飲食引之者證宰夫爲主人之義云其位在洗北西面者案下文獻大夫下胥薦主人于洗北西面是也云君於其臣雖爲賓不親獻以其尊莫敢伉禮也者此畧取燕義文設賓主飲酒之禮使宰夫爲獻主臣莫敢與君伉禮也不以公卿爲賓而以大夫爲賓爲疑明嫌之義也是君不親爲主人之事也云天子膳夫爲獻主者案膳夫職云王燕飲酒則爲獻主是也案燕義注云天子使膳宰爲主人則是膳宰膳夫一人也上文注云膳宰天子曰膳夫者欲見天子諸侯之臣名異其實同也

主人降洗洗南西北面賓將從降鄉之〔疏〕主人至北面○釋曰此宰夫代君爲獻主升降不由阼階與賓同由西階升降故降自西階當洗南北面今西北面者鄭云賓將從降鄉之當辭賓降故也案鄉飲酒鄉射主人降洗爵在階下辭賓降者彼賓主異階故在階下不在洗南也

賓降階西東面主人辭

降賓對對荅主人北面盥坐取觚洗賓少進辭洗主人坐奠觚于篚興對賓反位賓少進者又辭宜違其位也獻不以爵辟正主也古文觚皆爲觶疏主人至反位○注賓少至爲觶○釋曰賓少進者又辭宜違其位也者言又辭對前主人辭降今又賓辭洗言少進者前賓降賓在階下曲禮云揖人必違其位以其賓又辭洗宜違本位也云獻不以爵避正主也者此宰夫爲主人非正主故用觚對鄉飲酒鄉射是正主皆用爵主人卒洗賓揖乃升賓毎先升尊也疏主人至乃升○注賓毎先升尊也○釋曰毎先升者前賓初升時先云賓升自西階後云主云亦升自西階此賓揖乃升下云主人升故云賓毎先升賓先升者尊賓故也主人升賓拜洗主人賓右奠觚荅拜降盥主人復盥爲拜手坋塵也疏主人至降盥○注主人至塵也○釋曰言復盥者前盥爲洗爵此盥爲汙手賓降主人辭賓對卒盥賓揖升主人升坐取觚取觚將就瓦大

酌膳執冪者舉冪主人酌膳執冪者反冪君物曰膳膳之言善也酌君尊者尊賓也【疏】注君物至賓也○釋曰言君物曰膳膳之言善也者言君物摠衆物之名上云設膳篚設膳尊膳之言善所以別於臣子之尊篚也云酌君尊者尊賓也者大夫爲賓賓亦臣子而酌膳尊尊賓故也必尊之者立賓以對君故也主人筵前獻賓賓西階上拜筵前受爵反位主人賓右拜送爵賓旣拜前受觶退復位膳宰薦脯醢賓升筵膳宰設折俎折俎牲體骨也鄉飲酒記曰賓俎脊脅肩肺【疏】膳宰至折俎○注折俎至肩肺○釋曰引鄉飲酒記者燕禮不言賓之牲體之數此燕禮旣與鄉飲酒同用狗則與此賓之牲體數同故引以爲證也賓坐左執爵右祭脯醢奠爵于薦右興取肺坐絕祭嚌之興加于俎坐捝手執爵遂祭酒興席末坐啐酒降席坐奠爵

拜告言執爵興主人荅拜降席席西也言美也疏賓坐至荅拜○注降席至美也○釋曰云降席坐奠爵拜鄭云降席席西不言面案前體例降席席西拜者皆南面拜訖則告言賓西階上北面坐卒爵興坐奠爵遂拜主人荅拜遂拜拜既爵也疏賓西至荅拜○注遂拜拜既爵也○釋曰經云坐卒爵又云興坐奠爵遂拜遂拜之文隔坐奠辭嫌遂拜不爲拜既爵故鄭明之云遂拜拜既爵也賓以虛爵降將酢主人疏賓以虛爵降○注將酢主人○釋曰自此已下盡序内東面論賓酢主人之事鄭知將酢主人者下經論酢主人之事故知也主人降賓洗南坐奠觚少進辭降主人東面對上既言爵矣復言觚者嫌易之也大射禮曰主人西階西東面少進對今文從此以下觚皆爲爵疏主人至面對○注上既至爲爵○釋曰云上既言爵矣復言觚者嫌易之也者上文主人洗觚獻賓云賓以虛爵降此經又云坐奠觚中閒言爵者欲見對文一升曰爵二升曰觚散文即通觚亦稱爵以此言之此觚即前爵周公作經嫌易之

故復言觚也引大射禮者此經直有主人降又云主人東面對不辨主人立處又無少進之文大射先行燕禮與此同故引以為證賓坐取觚奠于篚下盥洗篚下篚南主人辭洗謙也今文無洗賓坐奠觚于篚興對卒洗及階揖升主人升拜洗如賓禮賓降盥主人降賓辭降卒盥揖升酌膳執冪如初以酢主人于西階上主人北面拜受爵賓主人之左拜送爵賓既南面授爵乃之左

【疏】賓坐至送爵○注賓既至之左○釋曰鄭云賓既南面授爵乃之左鄭知南面授爵與主人者以經言主人北面拜受爵明賓於東楹之西東面酌膳訖向西階南面授主人可知授爵訖乃之主人之左北面拜送爵故鄭云南面授爵乃之左也主人坐祭不啐酒辟正主也未薦者臣也

【疏】主人坐祭不啐酒○注辟正至臣也○釋曰案鄉飲酒鄉射皆是正主經直云祭如賓禮亦不見有啐酒之事未知正主有啐不此

云不啐辟正主者案文可知以燕禮大射啐酒告旨並不爲者經云不啐酒不告旨並言不鄉飲酒鄉射直云不告旨不言不啐酒明主人啐矣有司徹儐尸之禮尸酢主人云席末坐啐酒特牲少牢尸酢主人主人皆有啐酒是其雖不告旨雖有啐酒之事云未薦者臣也者對賓禮獻訖則薦脯醢此主人是臣故獻訖不薦至獻大夫下胥薦主人于洗北是也

不拜酒不告旨主人之義 疏 不拜酒不告旨○注主人之義○釋曰拜酒主人爲告旨但告旨者賓拜訖主人告酒美鄉飲酒鄉射正主人不拜酒不告旨主人無自告美故此主人代君爲主不得直云主人故云主人之義

遂卒爵興坐奠爵拜執爵興賓荅拜主人不崇酒以虛爵降奠于篚崇充也不以酒惡謝賓甘美君物也

賓降立于西階西既受獻矣不敢安盛

射人升賓賓升立于序內東面東西牆謂之序大射禮曰擯者以命升賓 疏 射人至東面○注東西至升賓○釋曰東西牆謂之序者爾雅文引大射禮者證此經云射人升賓之時亦得君命

主人盥洗象觚

升賓之東北面獻于公象觚觚有象骨飾也取象觚者東面疏主人至于公。注象觚至東面。釋曰自此下盡奠于膳篚論主人獻公之事云取象觚者東面者以膳篚南有臣之篚不得北面取又不得南面背君取從西階來不得篚東西面取以是知取象觚者東面也公拜受爵主人降自西階阼階下北面拜送爵士薦脯醢膳宰設折俎升自西階薦進也大射禮曰宰胥薦脯醢由左房疏公拜至西階。注薦進至左房。釋曰凡此篇內公應先拜者皆後拜此之尊公故也是以下衆旅行酬皆受酬者先拜公乃荅拜此公先拜受爵者受獻禮重故也是以下云主人受公酢得酌膳燕上歡故也大射主人受公酢者辟尊卑故也云士薦脯醢膳宰設折俎者案前獻賓薦脯醢及設折俎皆使膳宰者賓卑故也今於公士薦脯醢膳宰設折俎異人以其上尊於膳宰君尊故使士薦必知士尊於膳宰者以其諸侯膳宰當天子膳夫上士二人諸侯降等膳宰則卑故下記云羞膳者與執冪者皆士也鄭注云尊君也膳宰卑於士是其士尊也大射主於射畧於飲酒故公及賓同使宰胥薦脯醢庶子設折俎此燕禮燕私主於羞故賓之薦俎庶羞同使膳宰君之脯醢庶羞同使士尊官爲之大射必使庶子設折俎者案周禮庶子下大夫大射序尊卑變於燕禮故尊官爲之引大射禮者證此經脯醢從左房而來天子諸侯有左右房故得言左房大夫士無右房故言東房而已

公祭如賓禮膳宰贊授肺不拜酒立卒爵坐奠爵拜執爵興

凡異者君尊變於賓也

◯疏 公祭至爵興。◯注凡異至賓也。◯釋曰云凡異者君尊變於賓也者云凡非一謂膳宰贊授肺立卒爵又上文士薦脯醢皆是異於賓故言凡以廣之

主人荅拜升受爵以降奠于膳篚

更爵洗升酌膳酒以降酢于阼階下北面坐奠爵再拜稽首公荅再拜

更爵者不敢襲至尊也古文更爲受

◯疏 更爵至再拜。◯釋曰自此已下盡主人奠爵于篚論主人受公酢之事主人受公酢而自酌者不敢煩公尊君之義。◯注更爵至爲受。◯釋曰獻君自酢同用觚必更之者襲因也不敢因君之爵喪服傳云君至尊也故以君爲至尊也

主

人坐祭遂卒爵再拜稽首公荅再拜主人奠爵于篚主人盥洗升媵觚于賓酌散西階上坐奠爵拜賓降筵北面荅拜媵送也讀或爲揚揚舉也酌散者酌方壺酒也於膳爲散今文媵皆作騰

疏 主人至荅拜○釋曰自此盡東南面立論主人酬賓之事案前受獻訖立下序內以來未有升筵之事案鄉飲酒大射酬時皆主人西階上坐奠爵拜賓西階上北面荅拜酬前賓皆無逆在席者又以下文賓奠于薦東賓降筵西東南面立以此約之則此無升筵之事或言降筵者蓋誤○注媵送至作騰○釋曰云媵送也讀或爲揚揚舉也者案禮記檀弓下云知悼子卒未葬平公飲酒師曠李調侍鼓鍾杜蕢自外來升酌曰曠飲斯又酌曰調飲斯注云皆罰平公曰寡人亦有過焉酌而飲寡人杜蕢洗而揚觶注云舉爵於君也禮揚作媵揚舉也媵送也揚近得之若然此注今文媵作騰騰與媵皆是送義讀從檀弓杜蕢揚觶之揚揚訓爲舉義勝於媵送故讀從之也

主人坐祭遂飲賓辭卒爵拜賓荅拜辭者辭其代君行酒

不立飲也此降〔疏〕主人至荅拜。注辭者至酬也。釋曰於正主酬也　案鄉飲酒鄉射主人酬賓皆坐卒觶此主人酬賓亦坐飲賓辭之者上文獻君君立卒爵此主人代君酬賓亦宜立飲今主人坐祭遂飲故鄭云辭者辭其代君行酒不立飲云此降於正主酬也者正主謂鄉射飲酒正主酬處

主人降洗賓降主人辭降賓辭洗卒洗揖升不拜洗不拜洗酬而禮殺主人酌膳賓西階上拜拜者拜其酌己受爵于筵前反位主人拜送爵賓升席坐祭酒遂奠于薦東遂者因坐而奠不北面也奠之者酬不舉也〔疏〕主人酌膳。釋曰自此至薦東此爲酬賓若然案鄉飲酒鄉射主人酬賓皆主人賓觶席前北面賓始西階上拜此及大射主人始酌膳時賓已西階上拜者以其燕禮大射皆是主人代君勸酒其賓是臣急承君勸不敢安暇故先拜也主人又不坐奠於薦西賓祭訖遂南面奠於薦東不北面奠也主人降復位賓降筵西東南面立賓不立於序內位彌尊也位彌尊者

其禮彌卑記所謂一張一弛者是之類與〔疏〕主人至面立○注賓不至類與○釋曰云賓不立于序內位彌尊也位彌尊者其禮彌卑者案上初賓得獻降升之時序內立是不敢近賓席是禮尊而賓卑至此酬訖立於席西是賓位彌尊禮漸殺故云彌卑也云記所謂一張一弛者禮記雜記文案彼孔子謂子貢黨正飲酒百日之蜡一日之澤以弓弩喻是一張一弛之法此獻時爲盛是一張也酬時爲殺是一弛也無正文故云是之類與言與以疑之

小臣自阼階下請媵爵者公命長命長使選卿大夫之中長幼可使者〔疏〕小臣至命長○注命長至使者○釋曰自此盡公荅再拜論使下大夫媵爵於公之事此旅酬從公而起故須大夫之中長幼可使者知非卿大夫最長而云長幼可使者案下文大夫長外受旅是長幼次弟非專最長則此命長非最長是長幼之中可使者也

小臣作下大夫二人媵爵作使也卿爲上大夫不使之者爲其尊〔疏〕小臣至媵爵○注作使至其尊○釋曰案王制上大夫卿是卿爲上大夫云不使之者爲其尊者謂若主人與賓使下大夫不使卿之類也

媵爵者阼階下皆北面再

拜稽首公荅再拜再拜稽首拜君命也媵爵者立于洗南西面北上序進盥洗角觶升自西階序進酌散交于楹北降阼階下皆奠觶再拜稽首執觶興公荅再拜序次第也猶代也楹北西楹之北也交而相待於西階上既酌右還而反往來以右為上〔疏〕媵爵至再拜○釋曰西面北上者是去盥相待之位序進盥則北面向洗○注序次至為上○釋曰云楹北西楹之北也者二大夫盥手洗爵訖先者升西階由西楹之北向東楹之西東面酌酒訖右還由西楹北向西階上北面後者升西階亦由西楹之北向東楹之西酌酒訖亦由西楹之北○西階上北面相待乃次第而降故云交而相待於西階之上既酌右還而反往來以右為上云以右為上者謂在洗南西面及階上北面時先者在右地道尊右故也媵爵者皆坐祭遂卒觶興坐奠觶再拜稽首執觶興公荅再拜媵爵者執觶待于洗

南待君命也〔疏〕媵爵至洗南○注待君命也○釋曰云執觶待于洗南待君命者以其君尊臣卑雖自飲訖故執觶待于洗南以待君命也小臣請致者請使一人與二人與優君也〔疏〕小臣請致者○注請使至君也○釋曰案下二人俱致禮法當然是以不敢必君舉也故云一人與二人與取君進止是優君也若君命皆致則序進奠觶于篚阼階下皆再拜稽首公荅再拜媵爵者洗象觶升實之序進坐奠于薦南北上降阼階下皆再拜稽首送觶公荅再拜序進往來由尊北交于東楹之北奠于薦南不敢必君舉也大射禮曰媵爵者皆退反位〔疏〕若君至再拜○注序進至反位○釋曰云序進進往來由尊北交于東楹之北者前二人酌酒降自西階故交于西楹之北此酌酒奠于君所故交于東楹之北交于東楹北者以其酒尊所陳在東楹之西西向而陳其尊有四幷執冪者在南不得南頭以之君所又唯君面尊尊東西面酌酒以背君故先酌者東面酌訖由尊北又

楹北往君所奠觶右還而反後酌者亦於尊北又於楹北與反者而交先者於南西過後者於北東行奠觶右還而反相隨降自西階云奠于薦南不敢必君舉也者案鄉射皆云奠者於左將舉者於右是鄉飲酒一人舉觶及二人舉觶皆奠于薦右今言媵爵於公是將舉旅當奠於薦右而奠於薦左故云不敢必君舉也引大射禮者此經二人階下再拜稽首送觶無反位之文故引大射媵爵者皆退反門右北面位

公坐取大夫所媵觶興以酬賓賓降西階下再拜稽首公命小臣辭賓升成拜興以酬賓就其階而酬之也升成拜復再拜稽首也先時君辭之於禮若未成然

【疏】公坐至成拜○注興以至成然○釋曰自此至奠于篚論公爲賓舉旅之節公坐取大夫所媵觶者取上楹北觶云興以酬賓就其階而酬之也者經但云興以酬賓鄭知公就西階者以其賓降拜不於阼階下而言西階下故知公在賓西西階上也不言西階者以公尊空其文也云升成拜復再拜稽首也先時君辭之於禮若未成然者凡臣於君雖爲賓與君相酬受爵不敢拜於堂上皆拜於堂下若君辭之聞命即升若堂下拜訖君辭之即升堂復再拜稽首所以然者

以堂下再拜而君辭之若未成然故復升堂再拜稽首以成之升則不云再拜稽首直云成拜以堂下既有再拜稽首則不此文是也若堂下未拜之閒聞命則升升乃再拜稽首再拜稽得言升成拜以其堂下未拜即下經云小臣辭賓升再拜稽首鄭注不言成拜者爲拜故下賓未拜是也凡臣拜於君有三等初受獻拜於堂下或親辭或遣小臣辭成與不成如上說至於酬酒雖下堂拜未即拜待君辭即此下經云公坐奠觶荅再拜執觶興立卒觶賓下拜小臣辭賓升再拜稽首注云不言成拜者爲拜故下賓未拜也下不輒拜禮殺也此篇末無算爵受公賜爵者皆下席堂上拜稽首不堂下拜者禮末又輕於酬時

公坐奠觶荅再拜執觶興立卒觶賓下拜小臣辭賓升再拜稽首不言成拜者爲拜故下賓未拜也下不輒拜禮殺也此賓拜于君之左不言之者不敢敵偶于君

〔疏〕公坐至稽首○注不言至於君○釋曰云此賓拜于君之左不言之者不敢敵偶于君者上云公酬賓于西階上則此賓升再拜者拜于君之左可知經不言拜于君之左者若言再拜于君之左則臣與君敵偶故鄭云不言之者不敢敵耦于君闕其文也

公坐奠觶荅再

拜執觶興賓進受虛爵降奠于篚易觶洗君尊不酌故也凡爵不相襲者也於尊者言更自敵以下言易更作新易有故之辭進受虛爵尊君也不言公酬賓於西階上及公反位者亦尊君空其文也

疏公坐至解洗○注君尊至文也○釋曰云君尊不酌故也者以其君酬賓當親酌以授賓今賓爵自酌者君尊不酌與臣故也云凡爵不相襲者也於尊者言更自敵以下言易者於尊者言更謂受尊者之爵及與尊者爵皆言更上文主人獻公訖受爵以降奠于膳篚更爵洗酌膳以自酢是受尊者之爵言更也下文云賓酬卿若膳觶也則降更觶卿注云言更觶卿尊也是與尊者之爵言更云自敵以下言易者謂與卑者之爵及受卑者之爵皆云易此文公酬賓云賓進受虛爵降奠于篚易觶洗言易者賓尊以公舉觶酬賓是與卑者故言易也上文大夫二人媵爵于公者卒觶執觶待于洗南小臣請致者若君命皆致則序進奠觶于篚阼階下再拜稽首媵爵者洗象觶升實之序進坐奠于薦南是受卑者之爵合言易而不言者理自明若不言易者奠散觶洗象觶隔再拜稽首故不復言易也若然主人受公酢賓受公酬二者之爵皆從尊者來所以受酢爲受尊者之爵言更受酬爲與卑者之爵言易者以其

主人受酢由己獻公公報己已所當得是以爲受尊者之爵言更也賓受公酬以公舉媵觶就西階上以酬賓特爲賓舉旅故以爲尊者與卑者之爵言易案下士舉旅公坐取賓所媵觶唯公所賜受者如初受酬之禮降更爵洗升酌膳彼亦是尊者與卑者之爵不言易而言更者旅酬下爲上尊前人故不言易而言更也云更作新者欲見此爵前人已用今不復用更新用一爵故云更作新也云易有故之辭者言此爵我先甞用今由前人後用已不用亦以爲爵故云易有故之辭也案特牲賓長致爵于主人主婦言更爵酢者欲得嘉賓美客以事其先故言更少牢不儐尸云致爵于主人主婦賓易爵酢者大夫禮尊于賓有君道故言易若然又案少牢不儐尸主婦致爵于主人主婦更爵酢注云更猶易也若然更與易似不別者但更易不殊以尊卑不同設文有異云不言公酬賓於西階及公反位者亦尊君空其文也者以其公就西階是降尊就卑敬公不言降尊故空文不言

公有命則不易不洗反升酌膳觶下拜小臣辭賓升再拜稽首下拜下亦未拜凡下未拜有二或禮殺或君親辭君親辭則聞命即升升乃拜是亦不言成拜

〔疏〕公有至稽首○注下拜至成拜○釋

曰云凡下未拜有二或禮殺或君親辭云禮殺者謂若酬時下爲拜賓未拜辭之即升再拜稽首是也云或君親辭者謂若公食大夫云公拜至賓降西階東北面荅拜公降一等辭賓。不拜直言階上北面再拜稽首是階下未拜不得言升成拜直言再拜稽首而已

公荅再拜拜於阼階上也於是賓請旅侍臣

疏 注拜於至侍臣○釋曰云於是賓請旅侍臣者案下記云凡公所酬既拜請旅侍臣鄭注云既拜謂自酌升拜時也擯者阼階下告於公還西階下告公許旅行也請行酒於羣臣必請者不專君惠也大射於此時賓請旅於諸臣此不言者文不具故記人辨之

賓以旅酬於西階上旅序也以次序勸卿大夫飲酒

疏 賓以至階上○注旅序至飲酒○釋曰此經論旅酬先尊後卑之法仍未行旅下經射人作大夫長乃始旅酬

射人作大夫長升受旅言作大夫則卿存矣長者尊先而卑後

疏 射人至受旅○注言作至卑後○釋曰遺。人作大夫者燕或射故使之云言作大夫則卿存矣者以其卿稱上大夫言大夫長故知卿亦存在作中矣云長者尊先而卑後者賓則旅三卿三卿偏次第至五大夫大。夫偏不及士

賓大夫之右坐

奠觶拜執觶興大夫荅拜賓在右者相飲之位疏賓大至荅拜○注賓在至之位○釋曰言賓在右者賓在西階上酬卿賓與卿並北面賓在東卿在西是賓在大夫之右賓位合在西今在東故云賓在右者相飲之位也賓坐祭立飲卒觶不拜酬而禮殺疏賓坐至不拜○注酬而禮殺○釋曰此對酬之時坐卒爵拜既爵是禮備也今旅酬立卒觶不拜既爵故云禮殺也若膳觶也則降更觶洗升實散大夫拜受賓拜送言更觶卿尊也疏若膳至拜送○注言更觶卿尊也○釋曰案上文體例與卑者之爵稱易與尊者之爵稱更雖立爲賓仍是大夫爲之是賓卑於卿故言更觶者卿尊也大夫辯受酬如受賓酬之禮不祭卒受者以虛觶降奠于篚卒猶後也大射禮曰奠于篚復位今文辯皆作徧疏大夫至于篚○注卒猶至作徧○釋曰言不祭者亦是酬禮殺也引大射禮者此經云降奠于篚不言反位故引大射奠爵於篚訖當復門右北面位主人洗升

賓散獻卿于西階上酬而後獻卿別尊卑也飲酒成於酬也疏主人至階上○釋曰自此盡無加席論主人獻孤卿之節○注酬而至以酬也○釋曰此酬非謂尋常獻酬乃是君為賓舉旅行酬以其主人獻君君酢主人主人不敢酬君故使二大夫媵爵于公以當酬處所以覆獻也但君恩既大為賓舉旅飲酒之禮成於酬故酬辨乃獻卿以君尊卿卑是以君禮成卿乃得獻故云別尊卑也

儀禮疏卷第十四

大清嘉慶二十年重
用文選樓藏本校

江西督糧道王賡言廣豐縣知縣阿應鱗栞

儀禮注疏卷十四挍勘記　阮元撰盧宣旬摘録

燕禮第六

於五禮屬嘉　毛本嘉下有禮字

燕樂以盡其歡　陳本要義同毛本歡作勸

燕禮

與者　徐本同集釋通解楊氏毛本與上有戒字

戒與者　戒要義作云挍疏云留羣臣謂羣臣留在國不與之燕故使小臣留之疏說非是如朱子說則留字卽釋戒字如賈氏說則留羣臣正釋與者疑賈氏所見注亦無戒字此疏戒字當從要義作云

君有命戒射者　毛本戒誤作教

膳宰具官饌于寢東

寢露寢 徐本同毛本露作路張氏曰注曰寢露寢按疏露作路後記之注亦作路○按後注路堵父國語作露則露路古多通用

燕朝服於寢正處在路寢 朱子曰於寢下疑脫既朝服則宜於六字

樂人縣

縣鍾磬也 鍾俗本作鐘徐葛集解通解俱作鍾後賓執脯以賜鍾人於門內霤周學健云鍾鼓之鍾古皆作鍾三禮無鐘字俗本或作鐘皆後人所改也○按後凡鍾字放此不悉校磬徐本作罄後同

言縣者 徐本集釋楊氏同毛本言作官

未知樂人意是何官 要義同毛本意作竟

云言縣者 毛本言作宮

設洗篚于阼階東

此不可言南肆　毛本無可字

司宮尊于東楹之西○左元酒南上　南聶氏作東

冪用綌若錫　毛本冪作羃徐本楊氏作鼏通解敖氏作冪

爲卿大夫士也者　要義同毛本無士字

故知方尊爲此人也　人陳作入

胥六人徒五人　兩人下聶氏並有祿字

司宮筵賓于戶西　筵唐石經作之誤

然其言之　毛本其作具○按作其與周禮序官注合

射人告具

亦是不定之義　亦上要義有以字

小臣設公席于阼階上西鄉　陸氏曰鄉本又作嚮下及注同

諸侯胙席　胙徐陳集釋楊氏同毛本胙作酢嚴閩監本通解敖氏俱作昨

小臣納卿大夫

故下經君始爾之就庭位　毛本始爾之作爾之始通解同

不須引　要義同毛本不上有從而入三字引陳閩俱誤作次

小臣正贊袒　毛本袒作祖

公降立于阼階之東南

云大夫猶北面少前者　要義同毛本猶作由

射人請賓　毛本人誤作入

不云爲擯者 要義同毛本不作下

其次爲射正 要義同毛本爲下有小字

或因燕而射 要義同毛本或作以

公曰命某爲賓

宰夫爲主人 要義同毛本通解宰上有既以二字

明賓亦是大夫 亦是大夫陳閩俱作亦當用大夫也

乃命執冪者

注以公至署之也 毛本無署字

又且東面階 且陳閩俱作是

又大射云工人士與梓人 毛本通解無云字

賓升自西階○賓右北面 毛本右誤作又

大宰之屬 張氏曰巾箱杭本大作人從監殿本

脀宰薦脯醢

既與鄉飲酒同用狗 毛本狗作物陳閩監本俱誤作拘

則與此賓之牲體數同 陳閩監本同毛本與作於

主人降

嫌易之也者 毛本者誤作對

觚亦稱爵 毛本亦誤作言

不拜酒

拜酒主人爲告旨 拜酒主人四字陳本雙行夾書閩本無拜酒二字

但告旨者　陳閩俱無但告旨三字

附考　集釋此節之下有經文不殺二字鄭注無俎故也四字盧文弨云各本皆無則此不倫

遂卒爵

崇充也　徐葛集釋通解楊氏同毛本充作克

不以酒惡謝賓　徐本集釋俱無惡字似誤

主人盥○升賓之　唐石經徐陳集釋通解要義楊氏敖氏同毛本賓作賔

不得北面取叉　通解同毛本取叉作叉取

公拜受爵

燕上歡故也　要義同毛本上作主

今於公士薦脯醢　於要義作以

主人盥洗升〇拜賓賓降筵北面荅拜 賓唐石經敖氏俱不重徐本集釋通解要義楊氏毛本俱重石經考文提要云大射禮當此節曰西階上坐奠爵拜賓西階上北面荅拜不疊賓字例同〇按疏無降筵二字

則此無升筵之事 陳閩要義同毛本此作比

義勝於媵送 要義同毛本作義騰與媵決通解作義勝於送無媵字陳本騰作勝

主人酌膳

拜其酌已 徐陳集釋通解楊氏同毛本已作也

受爵于筵前

主人酌膳釋曰 按此疏當在上節今附此節非也

主人降復位

其禮爾甲 徐陳集釋通解楊氏同毛本禮作體○按大射疏引此亦作禮

媵爵者立于洗南

西階上北面相待 段玉裁按本西上有向字

若君命皆致○升實之 毛本實作賓唐石經徐陳集釋通解楊氏敖氏俱作實

云序進進往來由尊北 要義毛本不重進字

西向而陳 而要義作南

由尊北又楹北 又陳閩俱作及

按鄉射皆云 按下一本增鄉飲二字周學健云既有皆字則當兼鄉飲明矣浦鏜改皆爲記○按下云是鄉飲酒一人舉觶云云則鄉射上固當有鄉飲酒三字浦鏜非

公坐

此篇末無算爵　陳閩通解要義同毛本末作未

公有命

是亦不言成拜　徐本集釋通解楊氏同毛本亦作以

賓不拜　通解要義毛本賓下有升字○按公食大夫禮有升字

公荅再拜

賓請旅于諸臣　諸要義作羣

射人作大夫長

遣人作大夫者　要義毛本遣下有射字

大夫徧　要義無大夫二字

賓大夫之右

賓在右者　諸本同毛本在作左

賓在西階上酬卿　陳本同毛本在作有

主人洗升

君酢主人　通解要義同毛本酢作作

故使二大夫媵爵于公　二大夫陳閩俱作二人

儀禮注疏卷十四挍勘記終

奉新余成教挍

儀禮疏卷第十五

唐朝散大夫行大學博士弘文館學士臣賈公彥等撰

司宮兼卷重席設于賓左東上言兼卷則每卿異席也重席重蒲筵緇布純也卿坐東上統於君也席自房來

疏司宮至東上○注言兼至房來○釋曰此經設三卿之席在於賓東言兼卷則每卿異席也者若三卿同席則直云卷重席不須言兼今云兼卷則兼三卿重席皆卷之故知每卿皆異席也云重席重蒲筵緇布純也者案公食大夫記云司宮具几與蒲筵常緇布純加萑席尋玄帛純彼爲異國之賓有蒲筵萑席兩種席故稱加上小臣設公席與公食大夫席及賓皆稱加亦是兩種席兩種而稱加此燕已臣子一種席重設之故不稱加若然案鄉飲酒云席于賓東公三重大夫再重公升如賓禮大夫則如介禮有諸公則辭加席鄉射亦云大夫辭加席案彼二文雖稱加上文云三重再重則無異席故彼記直云蒲筵彼云加者以上席加於下席故鄭彼云加席上席也故此下注云重席雖非加猶爲其重累去之是其一種席也云卿坐東上統於君也者決鄉飲酒鄉射諸公大夫席于尊東西上

彼遵尊於主人故鄭注云統於尊此爲君尊故統於君面東上也云席自房來者案公食記云宰夫筵出自東房故知也

卿升拜受觚主人拜送觚卿辭重席司宮徹之徹猶去也重席雖非加猶爲其重累去之辟君也【疏】卿升至徹之○注徹猶至君也○釋曰云重席雖非加猶爲其重累去之辟君也者案鄉射云大夫辭加席之等皆是異席而辭之此重席重蒲筵不合辭以君有加席兩重故辭之以辟君

乃薦脯醢卿升席坐左執爵右祭脯醢遂祭酒不啐酒降席西階上北面坐卒爵興坐奠爵拜執爵興主人荅拜受爵卿降復位不酢辟君也卿無俎者燕主於羞【疏】乃薦至復位○釋曰此云卿薦脯醢不言其人畧之故下記辨之云羞卿者小膳宰是也○注不酢至於羞○釋曰案上主人獻公主人酢于阼階下此即不酢故決之云卿無俎者燕主於羞者決大射庶子設俎辨尊卑故與此異

辯獻卿主人以虛爵降奠

于篚今文無奠于篚射人乃升卿卿皆升就席若有諸公則先卿獻之如獻卿之禮諸公者謂大國之孤也孤一人言諸者容牧有三監【疏】射人至之禮○注諸公至三監○釋曰云諸公者謂大國之孤也知者周禮典命云公之孤四命侯伯已下不言孤故據大國而言云孤一人者鄭司農注典命云上公得置孤卿一人後鄭從之故此亦云孤一人與司農義同云言諸者容牧有三監者以其言諸非一人案王制云天子使其大夫爲三監監於方伯之國國三人彼是殷法同之周制使伯佐牧不置監周公制禮因殷不改者若士冠醮用酒之類故鄭云容言容有異代之法據周禮天子大大四命與孤等故同稱公席于阼階西北面東上無加席席孤北面爲其大尊屈之也亦因阼階西位近君近君則屈親寵苟敬私昵之坐【疏】席于至加席○注席孤至之坐○釋曰案上文卿初設重席辭之乃徹此孤北面初無加席者皆是爲大尊屈之也云親寵苟敬私昵之坐者案下記云賓爲苟敬席于阼階之西以爲敬此孤亦席於阼階之西故爲苟敬私昵之坐也小臣又請媵爵

者二大夫媵爵如初又復〔疏〕小臣至如初○釋曰自此至逆觶公荅再拜論一人致爵于公之事云二大夫媵爵如初者亦上二人媵爵媵爵者阼階下皆北面再拜稽首公荅再拜媵爵者立于洗南西面北上序進盥洗角觶升自西階序進酌散交于楹北降阼階下皆奠觶再拜稽首執觶興公荅再拜媵爵者皆坐祭遂卒觶興坐奠觶再拜稽首執觶興公荅再拜媵爵者執觶待于洗南相似也故言二大夫媵爵如初也請致者若命長致則媵爵者奠觶于篚一人待于洗南長致致者阼階下再拜稽首公荅再拜命長致者公或時未能舉自優暇也古文云阼階下北面再拜〔疏〕請致至再拜○注命長至暇也○釋曰上文小臣請媵爵則此請致者亦小臣也云命長致者公或時未能舉自優暇也者脫屨升坐以前公爲賓爲卿爲大夫三舉旅也燕禮之正不得損益而云公或時未能舉自優暇者正謂周公作經以優之升實也故云若命長致言若者不定之辭優君之義故唯命長致不然似言皆致以共三舉旅唯有此三觶故也洗象觶升實

之坐奠于薦南降與立于洗南者二人皆再拜稽首送觶公荅再拜奠于薦南者於公所用酬賓觶之處二人俱拜以其共勸君〔疏〕洗象至再拜○注奠于至勸君○釋曰云奠于薦南者於公所用酬賓觶之處者案前大夫二人媵觶奠于公薦南北上其上觶已取爲賓舉旅下觶仍在今大夫又媵一觶而云奠于薦南明知是所用酬賓觶之處云二人俱拜以其共勸君者上云媵爵者二大夫媵爵如初是共勸君酒今始命長致故俱拜以其共勸君故也

公又行一爵若賓若長唯公所酬一爵先媵者之下觶也若賓若長則賓禮殺矣長公卿之尊者也賓則以酬長長則以酬賓〔疏〕公又至所酬○釋曰自此至奠于篚論爲卿舉旅之事○注一爵至酬賓○釋曰知一爵是先媵者之下觶者以其前大夫二人媵爵皆奠于薦南以其上觶者已爲賓舉旅今又行一爵故知先媵者之下觶也其後媵一觶者酌之後爲大夫舉旅也云若賓若長則賓禮殺矣者前爲賓舉旅不云若賓若長尊爲賓禮盛至此爲卿舉旅不尊爲賓舉旅科從其一是賓禮殺也云長公卿之尊者也者有諸公公爲尊若無

諸公三卿爲尊長中可以兼此二者云賓則以酬長長則以酬賓者釋經若賓若長言若不定或先或後故兩言之以旅于西階上如初大夫卒受者以虛觶降奠于篚【疏】以旅至于篚○釋曰言如初者一如上爲賓舉旅之節主人洗升獻大夫于西階上大夫升拜受觚主人拜送觚大夫坐祭立卒爵不拜既爵主人受爵大夫降復位既盡也不拜之者禮又殺【疏】主人至復位○釋曰自此盡皆升就席論獻大夫之節○注既盡至又殺○釋曰云不拜之者禮又殺者前卿受獻不酢辟君已是禮殺今大夫受獻不但不酢主人又不拜既爵故云禮又殺胥薦主人于洗北西面脯醢無脀胥膳宰之吏也主人大夫之下先大夫薦之尊之也不於上者上無其位也脀俎實【疏】胥薦至無脀○注胥膳至俎實○釋曰云胥膳宰之吏也者案周禮有府史胥徒鄭注天官胥讀如諝謂其有才知爲什長是庶人在官者所羞薦者皆膳宰胥是

膳宰之吏云主人大夫之下先大夫薦之尊之也者案大射注直云主人大夫不云下此云大夫之下者謂大夫之中位次在下下經云辯獻大夫乃薦此薦文在上是先大夫薦之尊之也云不於上者上無其位也者案此燕禮大夫堂上士在下獨此宰夫言堂上無位者以其主人位在阼階君已在阼故主人辟之位在下是以大射注云不薦於上辟正主也云脅俎實者脅者升也謂升特牲體於俎故云俎實也

辯獻大夫遂薦之繼賓以西東上

徧獻之乃薦畧賤也亦獻而后布席也

〔疏〕辯獻至東上○注徧獻至席也○釋曰凡大夫升堂受獻得獻訖即降獻徧不待大夫升遂薦於其位大夫始升故言遂也云徧獻之乃薦畧賤也者決上卿之與賓得獻即薦貴故也云亦獻而後布席也者亦上獻卿後時司宮兼卷重席設於賓左此大夫不言設席明亦得獻後即布席也若言案大射席小卿賓西東上注云席於賓西射禮辨貴賤也以此言之燕禮主歡不辨貴賤小卿與大卿皆在賓東故此賓西無小卿位

卒射人乃升大夫大夫皆升就席席工于西階上少東樂正先升北面立于

其西工瞽矇歌諷誦詩者也凡執技藝者稱工少牢饋食禮曰皇尸命工祝樂記師乙曰乙賤工也樂正于天子樂師也凡樂掌其序事樂成則告備

疏席工至其西○釋曰自此至降復位論作樂之事此上下作樂之中有四節升歌一笙二閒三合樂四○注工瞽至告備○釋曰工瞽矇歌諷誦詩者案周禮瞽矇掌播鼗諷誦詩鄭云諷誦詩謂闇讀之不依詠也彼不依琴瑟闇讀之即爾雅徒歌曰謠此作樂之時依於瑟即詩注云曲合樂曰歌一也故下云工歌鹿鳴之類是也云凡執技藝者稱工者執技藝文出於王制但能其事者皆稱工是以引少牢饋食祝稱工樂記師乙爲大師樂官亦稱工至於冬官巧作者皆稱工云樂正於天子樂師也知樂正與樂師相當者案周禮樂師職云凡樂成則告備此樂正告樂備故知樂正當天子樂師樂師下大夫四人上士八人下士十有六人樂師大小多矣此諸侯樂正亦有大小之名也故大射云小樂正從之鄭注云小樂正於天子樂師也是其諸侯樂正雖有大小當天子樂師知大樂正不當天子大司樂者以其天子大司樂不告樂備故不得以大樂正當之但大射主於射略於樂故小樂正告樂備此燕主歡心故大樂正告樂備故不同

小臣納工工四人二瑟小

臣左何瑟面鼓執越內弦右手相入升自西階北面東上坐小臣坐授瑟乃降工四人者燕禮輕從大夫制也面鼓者燕尚樂可鼓者在前也越瑟下孔也內弦弦爲主也相扶工也後二人徒相天子大僕二人也小臣四人祭僕六人御僕十二人皆同官

疏小臣至乃降○注工四至同官○釋曰工四人者燕禮輕從大夫制也者鄭言此者決大射禮重工六人從諸侯制案公羊傳諸公六諸侯四若然知非大射是諸公制此燕禮是諸侯制者案鄉射之工四人是大夫制則諸侯不得有工四人五等諸侯同六人彼公羊六人四人不同者自是舞人之數不得以彼決此也云面鼓者燕尚樂可鼓者在前也者此決鄉飲酒左何瑟後首臣降於君故也引天子大僕二人也者周禮序官文引之者此經小臣相工大射云僕人正徒相大師僕人師相少師僕人士相上工僕人以下同官既多遞換相工但大射辨尊卑故僕人正等相工此燕禮輕故小臣相工是以別周禮同官人多得相參之意

工歌鹿鳴四牡皇皇者華三者皆小雅篇也鹿鳴君與臣下及四方之賓宴講道脩政之樂歌也此采其已有

言酒以召嘉賓嘉賓既來示我以善道又樂嘉賓有孔昭之明德可則傚也四牡君勞使臣之來樂歌也此采其勤苦王事念將父母懷歸傷悲忠孝之至以勞賓也皇皇者華君遣使臣之樂歌也此采其更是勞苦自以爲不及欲諮謀於賢知而以自光明也疏工歌至者華○注三者至明也○釋曰此經歌詩之類鄭於鄉飲酒已注此注與彼同但首燕禮歌小雅亦合鄉樂下就卑也鄉飲酒升歌鹿鳴之等饗或上取故彼此詩同注亦不異也

卒歌主人洗升獻工工不興左瑟一人拜受爵主人西階上拜送爵工歌乃獻之賤者先就事也左瑟便其右一人工之長者也工拜於席

疏卒歌至送爵○注工歌至於席○釋曰云工歌乃獻之賤者先就事也者歌詩是其事先施功勞乃始獻之是賤者先就事對工以上不就事而得獻也故大射注云工歌而獻之以事報之是也云左瑟便其右者工北面以西爲左空其右受獻便者酒從東楹之西來故以右爲便案大射云獻工工左瑟鄭注云大師無瑟於是言左瑟者節也以其經云僕人正徒相大師無瑟言大師左瑟者爲飲酒之節此與鄉飲酒同無所主也大師或瑟或歌是以不得言節之案鄉飲酒大師

則爲之洗則衆工不洗也此經主人洗升獻工不辨大師與衆工則皆爲之洗爵又案鄉飲酒記不洗者不祭此篇與大射羣工則皆爲之洗皆言祭故知皆爲之洗云工拜於席者以經云工與左瑟即云一人拜受爵不見有降席之文明工拜於席可知

薦脯醢輒薦之變於大夫也 疏 薦脯醢○注輒薦至夫也○釋曰案上獻大夫之時云辯獻大夫遂薦之鄭注云徧獻之乃薦畧賤也此獻工之長一人即薦脯醢非謂貴工即獻之正是禮尚異變於大夫也

使人相祭使扶工者相其祭薦祭酒 疏 使人相祭○注使扶至祭酒○釋曰上云小臣相工則此扶工相祭是小臣也此據相長一人文承受爵薦脯醢之下故知祭薦脯醢及祭酒二事對下衆工祭酒不祭脯醢也

卒受不拜賤不備禮 **主人受爵**將復獻衆工也 **衆工不拜受爵坐祭遂卒爵辯有脯醢不祭主人受爵降奠于篚**遂猶因也古文曰卒爵不拜 **公又舉奠觶唯公所賜以旅于西階上如初**言賜者君又彌尊賓長彌卑 疏 公又至如初○

注言賜至彌卑。釋曰此燕尚飲酒故工歌之後笙奏之前而爲大夫舉旅大射雖行燕禮主於射故笙之閒至射乃爲大夫舉旅云言賜者君又彌尊賓長彌卑者案上爲賓舉旅直云公舉以酬賓爲卿舉旅而云若賓若長言若不定科酬其一不專爲賓是君禮漸尊賓禮漸殺雖然猶言酬至此言唯公所賜者以上下言之是君又彌尊賓長彌卑也

卒旅卑也

【疏】卒。注旅卑也。釋曰言旅卑者謂爲大夫舉旅酬行於西階之上或從賓或從卿次第盡大夫故云旅卑也

笙入立于縣中奏南陔白華華黍以笙播此三篇之詩縣中縣中央也鄉飲酒禮曰磬南北面奏南陔白華華黍皆小雅篇也今亡其義未聞昔周之興也周公制禮作樂采時世之詩以爲樂歌所以通情相風切也其有此篇明矣後世衰微幽厲尤甚禮樂之書稍稍廢棄孔子曰吾自衞反魯然後樂正雅頌各得其所謂當時在者而復重雜亂者也惡能存其亡者乎且正考父校商之名頌十二篇于周大師歸以祀其先王至孔子二百年之閒五篇而已此其信也

【疏】笙入至華黍。注以笙至信也。釋曰此笙奏南陔白華華黍三篇等經注與鄉射同亦不復重釋但此云笙入立于縣中以其諸侯軒縣闕南面而已故得言縣中鄉飲酒

唯有一磬縣而已不得言縣中而云磬南注引鄉飲酒者欲見此雖軒縣近北面縣之南也主人洗升

獻笙于西階上一人拜盡階不升堂受爵降

主人拜送爵階前坐祭立卒爵不拜既爵升

授主人一人笙之長者也鄉射禮曰笙一人拜于下疏主人至主人○注一人至于下○釋曰引鄉射禮者證笙一人拜此與鄉飲酒皆直云一人拜不言拜于下故鄉飲酒與此注皆引鄉射以爲證欲見拜者拜於階下

衆笙不拜受爵降坐祭立卒爵辯有脯醢

不祭疏衆笙至不祭○釋曰言不拜受爵降者於階下受爵者亦盡階不升堂云辯有脯醢者亦獻訖薦于位之前

乃閒歌魚麗笙由庚歌南有嘉魚笙崇

丘歌南山有臺笙由儀閒代也謂一歌則一吹也六者皆小雅篇也魚麗言大平年豐物多也此采其物多酒旨所以優賓也南有嘉魚言大平君子有酒樂與賢者共之也此采其能以禮下賢者賢者

纍蔓而歸之與之宴樂也南山有臺言大平之治以賢者爲本也此采其愛友賢者爲邦家之基民之父母既欲其身之壽考又欲其名德之長也由庚崇丘由儀今亡其義未聞【疏】乃開至由儀○注開代至未聞○釋曰此經注一與鄉飲酒同彼已釋訖不復重解

遂歌鄉樂周南關雎葛覃卷耳召南鵲巢采蘩采蘋周南召南國風篇也王后國君夫人房中之樂歌也關雎言后妃之德葛覃言后妃之職卷耳言后妃之志鵲巢言國君夫人之德采蘩言國君夫人不失職也采蘋言卿大夫之妻能脩其法度也昔大王王季居于岐山之陽躬行召南之教以興王業及文王而行周南之教以受命大雅云刑于寡妻至于兄弟以御于家邦謂此也其始一國爾文王作邑于豐以故地爲卿士之采地乃分爲二國周周公所食也召召公所食也於時文王三分天下有其二德化被於南土是以其詩有仁賢之風者屬之召南焉有聖人之風者屬之周南焉夫婦之道者生民之本王政之端此六篇者其教之原也故國君與其臣下及四方之賓燕用之合樂也鄉樂者風也小雅爲諸侯之樂大雅頌爲天子之樂鄉飲酒升歌小雅禮盛者可以進取燕合鄉樂者禮輕者可以逮下也春秋傳曰肆夏

緐過渠天子所以享元侯也文王大明緜兩君相見之樂也然則諸侯之相與燕燕升歌大雅合小雅也天子與次國小國之君燕亦如之與大國之君燕升歌須合大雅其笙閒之篇未聞

疏 遂歌至采蘋○注周南至末聞○釋曰云遂歌鄉樂者鄉飲酒云乃合樂與此文不同者以其二南是大夫士樂大夫士或作鄉大夫或作州長故名鄉大夫樂飲酒不言鄉樂者以其是己之樂不須言鄉故直言合樂此燕禮是諸侯禮下歌大夫士樂故以鄉樂言之又鄉飲酒注云合樂謂歌與衆聲俱作彼經有合樂之字故也此經無合樂之字故闕而不言其實此歌鄉樂亦與衆聲俱作是以彼處解合爲歌與衆聲俱作耳此歌而解合明同也自周南以下所注亦與鄉飲酒同亦不復重釋

大師告于樂正曰正歌備

大師上工也掌合陰陽之聲教六詩以六律爲之音者也子貢問師乙曰吾聞聲歌各有宜也如賜者宜何歌也是明其掌而知之也正歌者聲歌及笙各三終閒歌三終合樂三終爲一備備亦成也

疏 大師至歌備○注大師至成也○釋曰云大師上工也者案春官大師下大夫二人小師上士四人又云上瞽四十人中瞽百人下瞽百有六十人注云凡樂之歌必使瞽矇爲焉命其賢知者以其大師對小師已下二百人爲上士

也云掌合陰陽之聲教六詩以六律爲之音者也者並大師職文案彼云掌六律六同以合陰陽之聲注云陽聲黃鍾大蔟姑洗蕤賓夷則無射陰聲大呂應鍾南呂林鍾中呂夾鍾又云皆文之以五聲宮商角徵羽皆播之以八音金石土革絲木匏竹又云教六詩曰風曰賦曰比曰興曰雅曰頌以六德爲之本以六律爲之音云子貢問師乙以下至何歌也並樂記文師乙魯之大師以掌樂事故子貢問焉引之者證大師知樂節故告歌備故鄭云是明其掌而知之也知升歌以下四節皆三終者案禮記鄉飲酒義云工入升歌三終主人獻之笙入三終主人獻之閒歌三終合樂三終工告樂備故知皆三終彼與此經閒歌合樂不獻之者但閒歌合樂還是始升歌笙奏之前已得獻故不復重獻云備亦成也者案周禮樂師職云凡樂成則告備故云亦成也

樂正由楹內東楹之東告于公乃降復位

言由楹內者以其立於堂廉也復位位在東縣之北

疏 樂正至復位○注言由至之北○釋曰言由楹內者以其樂正與工俱在堂廉則楹南無過處故由楹內適東楹之東告于公云復位位在東縣之北者案大射畧於樂小樂正升堂經有左右正則知亦有大樂正至席工於西階上少東東面時小樂正亦降立於

其南北面卒管工向東坫之東南西面北上坐時鄭注云於是時大樂正還北面立於其南臣位尊東明工升堂時小樂正升大樂正東方西面工來東坫之東南西面時大樂正東縣之北北面其小樂正則立於西階下東面此燕禮主於樂故。大樂正升堂今降明復於東縣之北北面也

射人自阼階下請立司正

公許射人遂爲司正

君許其請因命用爲司正君三舉爵樂備作矣將留賓飲酒更立司正以監之察儀法也射人俱相禮其事同

疏 射人至司正○注君許至事同○釋曰自此盡皆反坐論立司正遂行所監之事云君三舉爵者爲賓爲卿爲大夫舉旅云樂備作矣者歌笙閒合四者備作各三終矣案鄉飲酒鄉射立司正後始行旅酬者彼是士饗禮饗禮之法莫問尊卑徧獻之後乃行旅酬故立司正之後乃行旅酬此燕禮國君燕其臣子雖一獻以辨尊卑故主人獻君而受酬主人卑不敢酬公獻之禮成於酬故使大夫媵觶於公當酬公君行大惠即舉之爲賓賓得觶請旅諸臣徧卿大夫乃成一獻之禮復獻卿大夫皆爲之舉旅行酬皆成其獻但卿大夫皆堂上有位近君不敢失禮故雖舉旅行酬而未立司正作樂後將獻羣士士職卑位在堂下將爲士舉旅恐失禮故未獻之前即

立司正監之故不同也司正洗角觶南面坐奠于中庭升東楹之東受命西階上北面命卿大夫君曰以我安卿大夫皆對曰諾敢不安洗奠角觶于中庭明其事以自表威儀多也君意殷勤欲留賓飲酒命卿大夫以我故安或亦其實不主意於賓

疏司正至不安○注洗奠至於賓○釋曰云洗奠角觶于中庭明其事以自表威儀多也者此奠觶于中庭威儀多決鄉飲酒不奠是以鄉飲酒作相為司正洗觶執以升自西階是不奠威儀少也云君意殷勤欲留賓飲酒命卿大夫以我故安者以主人安客乃安故欲安賓先語卿大夫以我意故須安也云或亦其實不主意於賓者鄭意兩解前解主意為賓故使卿大夫為賓安或亦其實不專主為賓兼羣臣共安也

司正降自西階南面坐取觶升酌散降南面坐奠觶右還北面少立坐取觶興坐不祭卒觶奠之興再拜稽首右還將適觶南先西面也

必從觶西爲君之在東也少立者自嚴正慎其位 疏 司正至稽首○注右還至其位○釋曰右還將適觶南先西面也者右還謂奠時南面乃以右手向外而西面乃從觶西南行而右還北面云必從觶西爲君之在東也者若從觶東而左還北面則背君以其君在阼故也云自嚴正慎在位者以司正監察主爲使人嚴正謹慎故先自嚴正謹慎也

左還南面坐取觶洗南面反奠于其所 反奠虛觶不空位也 疏 左還至其所○注反奠至位也○釋曰必使不空者亦欲使衆人覩知司正嚴正之處 升自西階東楹之東請徹俎降公許告于賓賓北面取俎以出膳宰徹公俎降自阼階以東 膳宰降自阼階以賓親徹若君親徹然 疏 升自至以東○注膳宰至徹然○釋曰云降自阼階以賓親徹若君親徹然者臣之升降當西階今見賓親徹膳宰代君徹不降西階而降自阼階當君降處故云若君親徹降自阼然也 卿大夫皆降東面北上 以將坐降待賓反也 疏 卿大至北上○注以將至反也

○釋曰案大射云大夫降復位注云門東北面位不與卿同東面位者彼卿有俎卿取俎以出故大夫不敢獨在西階下故復位復門東北面位此燕卿無俎故大夫與卿同降西階下東面北上位也云以將坐降待賓反者上文賓以俎出當反入升坐故卿大夫待賓反亦升坐也

賓反入及卿大夫皆說屨升就席公以賓及卿大夫皆坐乃安凡燕坐必說屨屨賤不在堂也禮者尚敬敬多則不親燕安坐相親之心

疏賓反至乃安○注凡燕至之心○釋曰凡在堂立行禮不說屨安坐則說屨故鄭云凡燕坐必說屨以其屨在足賤不宜在堂陳於尊者之側也云禮者尚敬敬多則不親燕安坐相親之心者左氏傳云饗以訓恭儉設几而不倚爵盈而不飲燕以示慈惠饗在廟立行禮是敬多則不親者也燕在寢以醉爲度是相親之心者也若然直云賓及卿大夫說屨不云君降說屨則君說屨之在堂上席側是以禮記少儀云排闔說屨於戶內者一人而已矣彼據尊者坐在室則尊者一人說屨在戶內今此燕在堂上則君尊說屨於席側可知也

羞庶羞謂膳肝膋狗胾醢也骨體所以致敬也庶羞所以盡愛也敬之愛之厚賢之道

疏羞庶羞○注謂

臐至之道○釋曰案大射云羞庶羞注云所進衆羞謂臐肝膋狗胾醢也或有炮鼈膾鯉雉兔鶉鴽大射先行燕禮明與彼同此注不言炮鼈已下注文不具鄭知有此物者以經云庶羞不唯二豆而已案內則爲肝膋取狗肝一幪之以其膋濡炙之舉燋其膋不蓼注云膋腸間脂此及大射其牲皆用狗故知有肝膋狗胾知有炮鼈膾鯉者詩云吉甫燕喜飲御諸友炮鼈膾鯉又內則及公食大夫上大夫二十豆有雉兔鶉鴽禮記王制云庶羞不踰牲此燕用狗必可有此物而已鄉飲酒鄉射亦有狗但經直云羞不云庶是以鄭注云胾醢明二豆無餘物也云骨體所以致敬也者據未坐以前庶羞所以盡愛據說屨已後也

大夫祭薦燕乃祭薦不敢於盛成禮也

疏大夫祭薦○注燕乃至禮也○釋曰不敢於盛成禮謂未立司正之前立行司禮受獻之時不祭脯醢祭先是成禮不敢成禮於盛時

司正升受命皆命君曰無不醉賓及卿大夫皆興對曰諾敢不醉皆反坐皆命者命賓命卿大夫也起對必降席司正退立西序端

疏司正至反坐○注皆命至序端○釋曰云起對必降席者經云反坐不云降明起對必降席既對乃

反坐也是以孝經云曾子避席曰參不敢亦是起對也知司正退立西序端者此無降文見鄉飲酒云司正升相旅退立于序端東面故知此亦然也

主人洗升獻士于西階上士長升拜受觶主人拜送觶獻士用觶士賤也今文觶作觚 疏 主人至送觶○注獻士至作觚○釋曰自此盡立飲論獻士之事云獻士用觶士賤也者對上大夫已上獻用觚旅酬乃用觶此獻士即用觶故云士賤也不從今文觚者若從觚與大夫已上何異故不從

士坐祭立飲不拜

既爵其他不拜坐祭立飲他謂衆士也亦升受爵不拜 疏 士坐至立飲○注他謂至不拜○釋曰云他謂衆士也者上云士長明此士長之外皆衆士也知亦升受爵者以其士尊於笙之長笙之長尚受爵於階上明士得升堂受爵也言不拜者以其士長得拜明衆士不拜也

乃薦司正與射人一人司士一人執冪二人立于觶南東上天子射人司士皆下大夫二人諸侯則上士其人數亦如之司正爲上 疏 乃薦至東上○注天

于至爲上○釋曰此等皆士而先薦者以其皆有事故先得薦司士亦先得薦者案周禮司士掌羣士爵祿廢置之事士中之尊故亦先得薦也鄭引周禮序官射人司士下大夫二人約出此諸侯則上士者天子官尊諸侯宜降一等以是諸侯射人司士得在士位中云其人數亦如之者案周禮序官射人下大夫二人上士四人下士八人皆名射人則諸侯雖使士爲之人數亦等以其畿外諸侯張三侯與天子同故知射人之數亦同也言此者欲見射時射人有事非一故下文注云大射正射人之長是以大射禮大射正及小射正皆有事也云司正爲上者雖同是士以其爲庭長故設在上先薦之此經三者當官雖多皆取長先薦其餘在於衆位依齒也又士位在西有事者別在觶南北面東上也

辯獻士士既獻者立于東方西面北上乃薦士每已獻而即位于東方蓋尊之畢獻薦于其位

疏 辯獻至薦士○注每已至其位○釋曰云即位于東方蓋尊之者以其庭中之位卿東方西面大夫北面士西方東面是東方尊今卿大夫得獻升堂位空故士得獻即東方卿位是尊之以無正文故云蓋以疑之也知畢獻薦之者以其經云辯獻士乃薦士故知當畢獻後乃薦也

祝史小臣

師亦就其位而薦之次士獻之已不變位位自在東方疏祝史至薦之○注次士至東方○釋曰云次士獻之已不變位者對先獻士士即變位鄉東方也云位自在東方者案上設位之時祝史在門東小臣在東堂下是先在東方也主人就旅食之尊而獻之旅食不拜受爵坐祭立飲北面酌南鄉獻之於尊南不洗者以其賤略之也亦畢獻乃薦之主人執虛爵奠于篚復位疏主人至立飲○注北面至復位○釋曰云北面酌南鄉獻之於尊南者案大射旅食尊在西鑮之南北面則此主人在南亦北面以陳尊向君若東楹之西東向設尊亦是向君爲正彼酌者尊後東面酌此亦尊後北面酌南面獻之於尊南也云不洗者以其賤者此乃庶人在官府史胥徒之輩故云賤略之也云亦畢獻乃薦之者亦上文士此畢獻乃薦可知云主人執虛爵奠於篚復位者此約大射獻旅食訖云執虛爵奠于篚復位故知也若射則大射正爲司射如鄉射之禮大射正射人之長者也如鄉射之禮者燕爲樂鄉大夫宜從其禮也如者如其告弓矢既具至退中與筭也納射器而張侯其告請

先子君乃以命賓及卿大夫其爲司正者亦爲司馬君與賓
爲耦鄉射記曰。自君射至龍旜亦其異者也薦旅食乃射者
是燕射主　若射至之禮○注大射至飲酒○釋曰此一
於飲酒　疏　經論燕末行射之節云大射正爲司射者燕
禮輕又不主爲射故射人爲擯又爲司正至射時大射正爲
司射大射之時署於燕主於射故大射正爲擯又爲司正至
射又親其職故不同爲司射也云宜從之者鄉射是鄉大夫
禮故樂之還從之也云如者如其告弓矢既具至退中與筭
也者經云如鄉射之禮明從始至末皆如之案鄉射初司射
告弓矢既具至三耦射訖而退中與筭故如之也云納射器
而張侯者欲見此與鄉射訖因納射器後即張侯大射納射器
之後無張侯之事是以特言此。也云告請先於君乃以命賓
及鄉大夫者此燕禮與大射皆國君之禮此燕禮每事皆先
請於君大射亦先請於君故故。大射初司射自阼階前請於
公公許乃命賓及鄉大夫鄉射西階上告賓曰弓矢既具乃
告於主人遂告大夫是先後異也云其爲司正者亦爲司馬
者鄉射將射云司正爲司馬此亦於將射司正爲司馬亦射
之也若然則上文射人告具射人請賓又云射人請立司正
公許射人遂爲司正皆一人也必云司正爲司馬者諸侯有
常官嫌與鄉射異故言此也若士射則司正不爲司馬云君

與賓爲耦者欲見鄉射賓與主人爲耦此君與賓爲耦亦是異於鄉射也引鄉射記君射至龍旜亦其異者也者謂旌與中異何者彼因記國君三處射旌與中各不同云君國中射則皮樹中以翿旌獲白羽與朱羽糅言國中則此燕射也又云於郊則閭中以旌獲謂諸侯大射在郊又云於竟則虎中龍旜謂諸侯賓射在竟此皆諸侯禮射雖記在鄉射皆與鄉射異也云薦旅食乃射者是燕射主於飲酒者此獻士旅食後乃射是燕射。於飲酒浹大射未爲大夫舉旅之前則射是彼大射主於射故也

賓降洗升媵觚于公酌散下拜公降一等小臣辭賓升再拜稽首公荅再拜

此當言媵觶酬之禮皆用觶言觚者字之誤也古者觶字或作角旁氏由此誤爾

[疏] 賓降至再拜○注此當至誤爾○釋曰自此盡賓反位論賓媵爵於公之節云古者觶字或作角旁氏由此誤爾者案冬官梓人爲飲器勺一升爵一升觚二升獻以爵而酬以觚一獻而三酬則一豆矣鄭引南郡大守馬季長云觚當爲觶豆當爲斗鄭康成云古者觶角傍氏似觚故誤爲觚時人又多聞觚寡聞觶是以誤爲觚此注與彼同也

賓坐祭卒爵再拜稽

首公荅再拜賓降洗象觶升酌膳坐奠于薦南降拜小臣辭賓升成拜公荅再拜賓反位反位反席也今文曰洗象觚 疏 賓坐祭至反位○注反位至象觚○釋曰知反位是反席者以其堂下無席堂上乃有之而云賓升成拜不云降明上反位者反席可知也 公坐取賓所勝觶興唯公所賜至此又言與者明公崇禮不倦也今文觶又為觚 疏 公坐至所賜○注至此至為觚○釋曰自此盡士旅酌卒論若為士舉旅之事云唯公所賜者辭與為大夫舉旅同也云至此又言與者明公崇禮不倦也者以其說屢升坐之後理當倦今言與明不倦矣 受者如初受酬之禮降更爵洗升酌膳下拜小臣辭升成拜公荅拜乃就席坐行之坐行之若今坐相勸酒 有執爵者士有盥升主酌授之者 疏 有執爵者○注士有至之者○釋曰無筭坐勸酒有執爵行之者今此為士舉旅亦有執爵行之若無筭

爵然後士有盥升主酌授之者若然前三舉旅皆酬者自酌授人也唯受于公者拜公所賜者也其餘則否司正命執爵者爵辯卒受者興以酬士欲令惠均疏司正至酬士○注欲令惠均○釋曰此所命者命大夫也以前三舉旅辯大夫則止今此爲士舉旅故及之云欲令惠均者惠均於室及均於庭也士特牲爵止欲得神惠均於室及均於庭此據人君之惠均於庭也大夫卒受者以爵興西階上酬士士升大夫奠爵拜士荅拜興酬士者士立堂下無坐位疏大夫至荅拜○注興酬至坐位○釋曰此即上文司正所命者也云興酬士者士立堂下無坐位者凡禮堂上有席者坐堂下無席者立是以禮記檀弓工尹商陽是士而云朝不坐堂下無坐位者也大夫立卒爵不拜實之士拜受大夫拜送士旅于西階上辯祝史小臣旅食皆及焉疏大夫至上辯○注祝史至及焉○釋曰知旅食皆及者以士未得獻時旅酬不及得獻之後旅則及之旅食亦次士得獻故知

亦酬及之其庶子以下未得獻者至獻後無筭爵及焉

士旅酌旅序也士以次序自酌相酬無執爵者

卒主人洗升自西階獻庶子于阼階上如獻士之禮辯降洗遂獻左右正與內小臣皆於阼階上如獻庶子之禮庶子掌正六牲之體及舞位使國子脩德學道世子之官也而與膳宰樂正聯事樂正亦學國子以舞左右正謂樂正僕人正也小樂正立于西縣之北僕人正僕人師僕人士立于其北北上大樂正立于東縣之北若射則僕人正僕人士陪于工後內小臣奄人掌君陰事陰令后夫人之官也皆獻于阼階上別於外內臣也獻正下及內小臣則磬人鍾人鑮人鼓人僕人之屬盡獻可知也凡獻皆薦也

【疏】卒主至之禮○注庶子至薦也○釋曰此一經獻庶子以下之節云庶子掌正六牲之體及舞位使國子脩德學道世子之官也者案周禮諸子職云大祭祀正六牲之體凡樂事正舞位國子存遊倅使之脩德學道彼天子諸子之官屬大子若據諸侯爲世子之官引之者以天子謂之諸子諸侯謂之庶子掌公卿大夫士之適子掌事是同故取諸子職解此庶子之

事云而與膳宰樂正聯事者以掌正六牲之體得與膳宰聯
事掌國子脩德學道得與樂正聯事以其樂正亦掌教國子
故也言此者欲見膳宰得獻此庶子亦得獻之意云樂正亦
教國子之舞者欲見庶子掌國子得與樂正聯事云左右正
謂樂正僕人正也僕人正以下至北上鄭知義然者見大射
禮而知云左右正者據中庭爲左右大射禮工遷於東僕人
正亦與樂正同處名曰左正復云右正明是小樂正在西爲
一也若小樂正不在西大射之禮不得有左右正之文又兩
面俱縣明大小樂正各監一縣又知僕人正以下在小樂正
之北北上者以鄉射弟子相工皆在西今僕人正以下亦是
相工之人故知亦在西方也又工堂上西階之東相工者宜
近其事故在西方樂正之北也又知北上者以大射鄉射工
遷在下之時皆北上統於樂正今相者以工爲主明在堂下
則宜北統於堂上矣下又知大樂正在東縣北者約鄉射云
縣于洗東北至射時遷樂於阼階下之東南堂前三笥西面
北上坐樂正北面立于其南是得爲一證也云若射以下至
工後者案大射將射之時工遷於下東坫之東南西面北上
坐相者以工爲主故知相工陪於東即在工後也○云內小臣
奄人掌君陰事陰令后夫人之官也者案天官小臣序官云
內小臣奄上士四人其職云掌王之陰事陰令鄭注云陰事

羣妃御見之事陰令王所求爲於北宮彼后之官兼云夫人者欲見諸侯夫人内小臣亦與后之内小臣職同故雙言之云皆獻於阼階上別於外内臣也者臣云外内者案周禮有外内命夫鄭注云外命夫六鄉以出案内命夫朝廷卿大夫則諸侯臣在鄉遂及采地者爲外臣在朝廷者爲内臣但外内臣皆獻於西階上此獻於阼階故云別於外内臣也云則磬人以下至盡獻可知也者此據周禮天子有此官諸侯並以下士爲之則諸侯亦有此官以其庭中之樂軒縣別有鍾磬鎛鼓故知也兼言僕人者此經直見僕人正不見僕人師僕人士大射見之内小臣奄人之賤者尚得獻明此等皆得獻可知也知凡獻皆薦者以經云如獻士獻士有薦凡此等獻訖明皆有薦也

無筭爵筭數也爵行無次無數唯意所勸醉而止

疏 無筭爵○注筭數至而止○釋曰自此盡無筭樂論酒行樂作無次數之節云爵行無次無數者此對四舉旅以前皆有次有數此則無次數也

士也有執膳爵者有執散爵者執膳爵者酌以進公公不拜受執散爵者酌以之公命所賜所賜者興受爵降席

下奠爵再拜稽首公荅拜席下席西也古文曰公荅再拜疏士也至荅拜○注席下至再拜○釋曰自旅酬已前受公爵皆降拜升成拜○注至此不復降拜者禮殺故也云席下席西也者賓與卿大夫席皆南面統於君皆以東爲上故知席下爲席西也受賜爵者以爵就席坐公卒爵然後飲不敢先虛爵明此勸惠從尊者來也疏受賜至後飲○注不敢至來也○釋曰上已言君命所賜至此經云受賜自然惠從尊者來但先君受爵似惠不由君來故後飲然後授虛爵是由尊者來故後飲之之也此執爵者皆酌行之以偏唯卒爵者與以酬士自酌與之是以鄉飲酒鄉射皆云辯卒受者興以旅在下者注云不使執觶者酌以其將旅不以已尊孤人也執膳爵者受公爵酌反奠之宴歡在於飲酒成其意疏執膳至奠之○注宴歡至其意○釋曰云成其意者君意欲得皆醉今執膳者酌反奠於君前望當君心故云宴歡在於飲酒成其意也受賜爵者興授執散爵執散爵者乃酌行之予其所勸者唯受爵於

公者拜卒受爵者興以酬士于西階上士升大夫不拜乃飲實爵乃猶而也疏注乃猶而也○釋曰轉乃爲而者乃是緩辭此將勸士士已升階大夫即飲不可爲乃故從而解之也士不拜受爵大夫就席士旅酌亦如之公有命徹冪則卿大夫皆降西階下北面東上再拜稽首公命小臣辭公荅再拜大夫皆辟命徹冪者公意殷勤必盡酒也小臣辭不升成拜明雖醉正臣禮也不言賓賓彌臣也君荅拜於上示不虛受也疏士不至皆辟○注命徹至受也○釋曰云士旅酌亦如之者亦如大夫相酌之法云公有命徹冪者此君尊在東楹之西尊大惠故待無筭爵乃徹冪鄉飲酒尊在房戶之閒賓主共之故賓至則徹之與此異也云小臣辭不升升成拜明雖醉正臣禮也者臣之禮當下拜爲正今不言升成拜者於下已拜是雖無筭爵已醉而不倦行臣禮禮之正也云不言賓賓彌臣也者經直言卿大夫皆降不別言賓是燕末賓同於臣

言彌者上於酬云若賓若長猶言賓但言賜不言酬已是賓卑今乃設賓不言賓是賓彌臣故同臣例也云君荅拜於上示不虛受也者案燕義云禮無不荅言上之不虛取於下也彼釋此言〇也但彼言不虛取於下者摠申此燕禮君荅拜之事不獨爲此言也

遂升反坐士終旅於上如初卿大夫降而爵止於其反席卒之

疏遂升至如初〇注卿大至卒之〇釋曰云卿大夫降而爵止者上文已云大夫不拜乃飲實爵士不拜受爵是大夫飲訖爵止也云於其反席卒之者謂上士受得大夫爵此經云士終旅於上如初是於大夫反席士卒之也

無筭樂升歌閒合無數也取歡而已其樂章亦然

疏無筭樂〇注升歌至亦然〇釋曰此無筭對上升歌笙閒合各依次第而三終有次有數此則任君之情無次無數其詩樂章亦然亦無次無數

宵則庶子執燭於阼階上司宮執燭於西階上甸人執大燭於庭閽人爲大燭於門外宵夜也燭燋也甸人掌共薪蒸者庭大燭爲位廣也閽人門人也爲作也作大燭以俟賓客出

疏宵則至門外〇注宵夜至客出

○釋曰凡燕法設燭者或射之後終燕則至宵也或冬之日不射亦宵夏之日不射未必至宵也云燭燋也者古者無麻燭而用荆燋故少儀云主人執燭抱燋鄭云未爇曰燋但在地曰燎執之曰燭於地廣設之則曰大燭其燎亦名大燭故詩云庭燎之光毛云庭燎大燭也鄭云夜未央而於庭設大燭毛鄭並指此甸人執大燭之文也司烜氏云凡邦之大事共墳燭庭燎玄謂墳大也樹於門外曰大燭於門內曰庭燎言樹則大燭亦在地廣設之而已此閽人爲大燭於門外者亦是大燭在地者案郊特牲云庭燎之百由齊桓公始也注云僭天子也庭燎之差公蓋五十侯伯子男皆三十文出大戴禮也此亦諸侯禮以燕禮輕故不言庭燎設大燭而已云甸人掌共薪蒸者天官甸師氏職文引之者以其內有燭燋故使之在門爲大燭也云閽人門人也者案天官閽人掌守王中門之禁諸侯亦當然

賓醉北面坐取其薦脯以降取脯重得君賜奏陔陔陔夏樂章也賓出奏陔夏以爲行節也凡夏以鍾鼓奏之

疏奏陔○注陔夏至奏之○釋曰云陔陔夏者案鍾師九夏之中有陔夏九夏皆是詩詩爲樂章故知樂章也云賓出奏陔夏以爲行節也者此及鄉飲酒皆於賓出奏陔夏明此爲行節戒之使不失禮云凡

夏以鍾鼓奏之者案周禮鍾師云以鍾鼓奏九夏鄭注云先奏鍾次擊鼓是凡夏皆以鍾鼓奏之

賓所執脯以賜鍾人于門內霤遂出必賜鍾人鍾人掌以鍾鼓奏九夏今奏陔以節己用賜脯以報之明雖醉不忘禮古文賜作錫

卿大夫皆出隨賓出也

公不送賓禮訖是臣也

公與客燕謂四方之使者

疏公與客燕○注謂四方之使者○釋曰自此盡敢拜賜命論與異國臣將燕使卿大夫就館戒客之辭事但燕異國卿大夫與臣子同唯戒賓為異故於禮末特見之也云謂四方之使者以其云客以寡君對之故知四方使卿大夫來聘主君將燕之也

曰寡君有不腆之酒以請吾子之與寡君須臾焉使某也以請君使人戒客辭也禮使人各以其爵寡鮮也猶言少德謙也腆膳也上介出請入告古文腆皆作殄今文皆曰不腆酒無之

疏曰寡至以請○注君使至無之○釋曰云禮使人各以其爵者案公食大夫云使大夫戒各以其爵以其大聘使卿小聘使大夫爵不同故主君亦以其爵戒之也云上介出請入告者亦約公食使者至館門外

客使者上介出請事入告賓但彼食禮重故三辭此燕禮輕故再辭爲異耳又彼見賓出拜辱大夫不荅拜此不言者文不具對曰寡君君之私也君無所辱賜于使臣臣敢辭上介出荅主國使者辭也私謂獨有恩厚也君無所爲辱賜於使臣謙不敢當也敢者怖懼用勢決之辭疏對曰至敢辭○注上介至之辭○釋曰云敢者怖懼用勢決之辭也者謂若怖懼之事不避危難用勢往決之故云用勢決之辭也寡君固曰不腆使某固以請寡君君之私也君無所辱賜于使臣臣敢固辭重傳命固如故寡君固曰不腆使某固以請某固辭不得命敢不從許之也於是出見主國使者辭以見許爲得命今文無使某致命曰寡君使某有不腆之酒以請吾子之與寡君須臾焉親相見致君命辭也君貺寡君多矣又辱賜于使

臣臣敢拜賜命既賜也猶愛也敢拜賜命從使者拜君之賜命猶謙不必辭也疏注敢拜至辭也○釋曰主君使大夫往戒只爲燕事今客從之者來就燕而云拜主君賜燕之命者謙不必有燕事

記燕朝服於寢朝服者諸侯與其羣臣日視朝之服也謂冠玄端緇帶素韠白屨也燕於路寢相親眤也今辟雍十月行此燕禮玄冠而衣皮弁服與禮異也疏記燕朝服於寢○注朝服至異也○釋曰凡記皆記經不具者以經不言燕服及燕處故記人言之也云謂冠玄端緇帶素韠白屨者皆士冠禮文案屨人注天子諸侯吉事皆舄諸侯朝服素裳素韠應白舄而云白屨者引士冠禮成文其實諸侯當白舄其臣則白屨也鄭注周禮屨人云複下曰舄禪下曰屨下謂底以此爲異也云燕於路寢相親眤也知燕於寢者以其饗在廟明燕在寢私處可知也引漢法欲見與古異者周時玄冠服則緇布衣今衣皮弁服是其異也

其牲狗也狗取擇人也明非其人不與爲禮也

亨于門外東方亨於門外臣所掌也疏亨于門外東方○注亨于至掌也○釋曰此君禮故云臣使掌案公食記云亨于門外東方注云必於門外者大夫之事也注不同者以其饗食在廟嚴凝宜

親監視不得言臣所掌故注云大夫之事也鄉飲酒亨狗于堂東北者非君禮是臣於堂東北不在外者宜主人親供又法陽氣之所始故三者注皆不同也若與四方之賓燕則公迎之于大門内揖讓升四方之賓謂來聘者也自戒至於拜至皆如公食亦告饌具而後公即席小臣請執冪請羞者乃迎賓也疏若與至讓升○注四方至賓也○釋曰云自戒至於拜至皆如公食者此燕用狗彼用大牢此戒賓有辭彼三辭至於卿大夫立位皆不同而云如公食者謂除此之外如之若然依公食從首使大夫戒各以其爵上介出請入告已下至北面再拜稽首皆如之饌具之等不如之也云亦告饌具而後公即席小臣請執冪請羞者乃迎賓也者言此者欲見燕四方賓此等依上文與燕己臣子同亦不如公食以其公食公無席又無入廟之事又公食無請執冪羞膳故別言此也賓爲苟敬席于阼階之西北面有脀不嚌肺不啐酒其介爲賓苟且也假也主國君饗時親進醴于賓今燕又宜獻焉人臣不敢褻煩尊者至此升堂而辭讓欲以臣禮燕爲恭敬也於是席之如獻諸公之位言苟敬者賓

賓主國所宜敬也。脀，折俎也。不嚌啐，似若尊者然也。介門西北面西上。公降迎上介以爲賓，揖讓升，如初禮。主人獻賓，獻公既獻，苟敬，乃媵觚。賓爲至爲賓○注苟且至燕也○羣臣即位，如燕也。

【疏】釋曰：云「主國君饗時親進醴于賓」者，謂行聘享訖，禮賓之時，君親酌醴進于賓。若然，前有饗食不言之者，饗禮亡，無以可言，食禮又無酒醴所獻之事，故不言，而云饗時也。云「今燕又宜獻焉」者，案上燕己臣子，使宰夫爲主人，知此親獻者，若不親獻，即同己臣子賓，何須辭之而爲苟敬，故知君當親獻爲。云「至此升堂而辭讓」者，若此時升堂不辭，即行燕賓之禮，故知辭之在初升堂時。云「欲以臣禮燕爲恭敬也」者，此謂在阼西北面，故云席之，如諸公之位也。云「言苟敬者，賓實主國所宜敬也」者，賓實主國所宜敬，但爲辭讓故，以命介爲賓，不得敬之，今雖以介爲賓，不可全不敬，於是席之於阼階西，且敬也，故云苟敬也。云「不嚌啐，似若尊者然也」者，案此燕禮與大射、鄉射，皆不嚌啐，是諸公如鄉禮。今聘鄉在諸公之坐，亦不嚌不啐，是爲似若諸公尊者然也。云「介門西北面西上」者，約聘禮而知也。云「公降迎上介以爲賓，揖讓升，如初禮」者，此如上文燕己臣子，以大夫爲賓者同，故云如初禮也。云「主人獻賓，獻公，既獻，苟敬，乃媵觚」者，若上燕己臣子之時，獻賓獻公，既即媵觶以酬賓，但苟敬之，前宜有薦有俎實與君同明知獻公後即獻苟敬乃可酬賓也云羣臣即位如燕者如上燕已臣子同若然羣臣不待迎賓入乃從君入者以其皆蒙獻酬故因其先至寢門故小臣引之即入不待賓入後也

無膳尊無膳爵降尊以就卑也

（疏）無膳尊無膳爵○注降尊以就卑○釋曰郊特牲云三獻之介君專席而酢焉此降尊以就卑也注云三獻卿大夫來聘主君饗燕之以介爲賓賓爲苟敬則徹重席而受酢也專猶單也彼與此事同故鄭引彼經以證此燕已臣子不見有君親受賓酢若燕異國臣子得有專席受酢者獻卿大夫之後依次各爲此三人舉旅獻士之後賓乃媵觶於公賓取所媵觶爲士舉旅應以爲酢君君專席而受之也

與卿燕則大夫爲賓與大夫燕亦大夫爲賓不以所與燕者爲賓者燕爲序歡心賓主敬也公父文伯飲南宮敬叔酒以路堵父爲客此之謂也君恒以大夫爲賓者大夫卑雖尊之猶遠于君今文無則下無燕

（疏）與卿至爲賓○注不以至無燕○釋曰此謂與已臣子燕法若與異國賓燕皆用上介爲賓如上說也云公父文伯已下是魯語文此三人皆魯大夫自相燕法云此之謂也者此謂不使所爲燕者爲賓之義云君恒以大

夫爲賓者大夫卑雖尊之猶遠於君者案禮記燕義云不以公卿爲賓而以大夫爲賓爲疑也明嫌之義也注云公卿尊矣復以爲賓則尊與君大相近是不用公卿爲賓恐逼君用大夫爲賓雖尊之猶遠於君不畏逼君也

羞膳者與執冪者皆士也 尊君也膳宰卑於士 疏 羞膳至士也○注尊君至於士○釋曰經直云請執冪與羞膳不辨其人故記人言之云尊君也膳宰卑於士者言膳宰別小膳宰也以其下云羞卿者小膳宰明於君者士也士尊於小膳宰也若然士則膳宰之長者故下注小膳宰云膳宰之佐也

羞卿者小膳宰也 膳宰之佐也

若以樂納賓則賓及庭奏肆夏賓拜酒主人荅拜而樂闋公拜受爵而奏肆夏公卒爵主人升受爵以下而樂闋 肆夏樂章也今亡以鍾鎛播之鼓磬應之所謂金奏也記曰入門而縣興示易以敬也卿大夫有王事之勞則奏此樂焉 疏 若以至樂闋○注肆夏至樂焉○釋曰自此盡若舞則勺論臣子有王事之勞與之燕之事云若者不定之辭以其常燕

已臣子無樂王事之勞或有或無故言若也云肆夏樂章也今亡者鄭注鍾師云九夏皆詩篇名頌之族類也此歌之大者載在樂章樂崩亦從而亡是以頌不能具也云以鍾鎛播之鼓磬應之者鍾師云掌金奏鄭注云擊金以爲奏樂之節金謂鍾及鎛又云凡樂事以鍾鼓奏九夏鄭注云先擊鍾次擊鼓是奏肆夏時有鍾鎛鼓磬彼經注雖不言磬但縣內有此四者故鄭兼言磬也言所謂金奏也者所謂鍾師掌金奏也云記曰者此鄭引二記之文何者云入門而縣興是仲尼之文仲尼燕居云兩君相見揖讓而入門入門而縣興揖讓而升堂升堂而樂闋郊特牲云賓入大門而奏肆夏示易以敬也必引二記文者以燕在寢賓及庭及寢庭與仲尼燕居入門而縣興事相類故引之證賓及庭樂作之義也此肆夏以金奏之故引郊特牲示易以敬證用肆夏之義也不取賓入大門者大門非寢門故也云卿大夫有王事之勞則奏此樂焉知者以發首陳君與臣子常燕及聘使之臣燕次論四方賓燕今此言賓及庭奏肆夏則非尋常大夫爲賓與宰夫爲主人相對者謂若賓爲苟敬四方賓之類特奏肆夏其事既重若非有王事之勞何以致此故知是臣有王事之勞者乃奏此樂也

升歌鹿鳴下管新宮笙入三成新宮小雅逸篇也管

之入三成謂三終也

疏 升歌至三成○注新宮至終也○釋曰鹿鳴不言工歌新宮不言笙奏而言升歌下管者欲明笙奏異於常燕常燕即上所陳四節是也今工歌鹿鳴三終與笙奏全別故特言下管新宮乃始笙入三成者止謂笙奏新宮三終申說下管之義云新宮小雅逸篇也知在小雅者以配鹿鳴而言鹿鳴是小雅明新宮小雅可知

遂合鄉樂 鄉樂周南召南六篇言遂者不間也 **若舞則勺** 勺頌篇告成大武之樂歌也其詩曰於鑠王師遵養時晦又曰實維爾公允師既合鄉樂萬武而奏之所以美王侯勸有功也

疏 若舞則勺○注勺頌至功也○釋曰言若者或爲之舞或不爲之舞在於君意故以不定而言云舞則勺者謂爲之舞則歌勺詩以爲曲云勺頌篇告成大舞之樂歌也者勺詩序文云其詩曰於鑠王師遵養時晦者鑠美也言於呼美武王之師遵循也循養晦昧之紂三分天下猶服事於殷又曰實維爾公允師者公事允信也言武王伐紂實維汝武王之事信得用師之道云既合鄉樂者以文承合鄉樂之下故知既合鄉樂也云萬舞而奏之者釋經舞時作周萬舞之舞而奏勺詩宣八年公羊傳云壬午猶繹萬入去籥傳曰萬者何干舞也謂秉干舞以奏勺詩也云所以美王侯勸有功也者天子諸侯作之是美

王侯亦所以勸有功也唯公與賓有俎主於燕其餘可以無俎疏唯公與賓有俎○注主於至無俎○釋曰主於燕其餘可以無俎者對大射辨尊卑公卿皆有俎其牲用狗則同獻公曰臣敢奏爵以聽命授公釋此辭不敢必受之疏獻公至聽命○注授公至受之○釋曰謂若主人獻公賓媵觶於公雖非獻亦釋此辭也凡公所辭皆栗階栗蹙也謂越等急趨君命也凡栗階不過二等其始升猶聚足連步越二等左右足各一發而升堂疏凡栗階不過二等○注其始至升堂○釋曰凡堂及階尊者高而多卑者庳而少案禮器云天子之堂九尺諸侯七尺大夫五尺士三尺士冠禮降三等受爵弁鄭注云降三等下至地則士三等階以此推之則一尺爲一階大夫五尺五等階諸侯七尺七等階天子九尺九等階可知今云凡栗階不過二等言凡則天子九等已下至士三等皆有栗階之法栗栗階不過二等據上等而言故鄭云其始升猶聚足連步一也故曲禮云涉級聚足連步以上鄭注云涉等聚足謂前足躡一等後足從之併連步謂足相隨不相過也此即聚足一也天子已下皆畱上等爲栗階左右足各一發而

升堂其下無問多少皆連步雜記云主人之升降散等鄭注云散等栗階則栗階亦名散等凡升階之法有四等連步一也栗階二也歷階三也歷階謂從下至上皆越等無連步若禮記檀弓云杜蕢入寢歷階而升是也越階四也越階謂左右足越三等若公羊傳云趙盾避靈公躇階而走是也

凡公所酬既拜請旅侍臣既拜謂自酌升拜時也擯者阼階下告于公還西階下告公許旅行也請行酒于羣臣必請者不專惠也

疏凡公至侍臣○注既拜至惠也○釋曰云既拜謂自酌升拜時也者此即上賓得君酬酒飲訖自酌降拜升時請旅侍臣云擯者阼階下告于公還西階下告公許旅行者此約大射而知也

凡薦與羞者小膳宰也謂於卿大夫以下也上特言羞卿者小膳宰者欲絕於賓羞賓者亦士

疏凡薦至宰也○注謂於至亦士○釋曰云謂於卿大夫以下者以其執冪與羞膳於君是士則知此凡者於卿大夫也云上特言羞卿者小膳宰者欲絕於賓羞賓者亦士者鄭意於此言凡揔卿大夫於文足矣上文君下特言羞卿者小膳宰者欲見直言君不須言賓以其賓之薦俎與君同明羞膳亦與君同不使小膳宰故云欲絕於賓為羞賓者亦士也

有內羞謂羞

豆之實酏食糝食羞籩之實糗餌粉餈疏有內羞○注謂羞至粉餈○釋曰云謂羞豆之實酏食糝食者天官醢人云羞豆之實酏食糝食鄭注云酏餰也內則曰取稻米舉糔溲之小切狼臅膏以與稻米爲餰又曰糝取牛羊豕之肉三如一小切之與稻米稻米二肉一合以爲餌煎之是也云羞籩之實糗餌粉餈者籩人職云羞籩之實糗餌粉餈鄭注云此二物者粉稻米黍米所爲也合蒸曰餌餅之曰餈糗者擣粉熬大豆爲之爲餌餈之黏著以粉之耳餌言糗餈言粉互相足是也糗熬之亦粉之其粉擣之亦糗之是互相足也

君與射則爲下射袒朱襦樂作而后就物君尊小臣以巾授矢稍屬君尊不搢矢不以樂志辟不敢也既發則小臣受弓以授弓人俟復發也不使大射正燕射輕上射退于物一笴既發則荅君而俟荅對若飲君燕則夾爵謂君在不勝之黨賓飲之如燕勝觚則又夾爵疏若飲君燕則夾爵○釋曰夾爵者將飲君先自飲及君飲訖又自飲爲夾爵君在

大夫射則肉袒不纏襦厭於君疏注不纏襦厭於君○釋曰鄉射記大夫對士射袒纏襦此對君肉袒故云厭於君也若與四方之賓燕媵爵曰臣受賜矣臣請贊執爵者受賜謂公鄉者酬之至燕主人事賓之禮殺賓降洗升媵觶于公荅恩惠也疏若與至爵者○注受賜至惠也○釋曰謂公取二大夫所媵觶上者以酬賓是也云賓降洗升媵觶于公者謂上獻士訖賓媵觶于公是荅恩惠也相者對曰吾子無自辱焉辭之也對荅也亦告公以公命荅之也有房中之樂弦歌周南召南之詩而不用鍾磬之節也謂之房中者后夫人之所諷誦以事其君子疏有房中之樂○注弦歌至君子○釋曰云弦歌周南召南之詩而不用鍾磬之節者此文承四方之賓燕下而云有明◦四方之賓而有之知不用鍾磬者以其此二南本后夫人侍御于君子用樂師是本無鍾磬今若改之而用鍾磬當云有房中之奏樂今直云有房中之樂明依◦本無鍾磬也若然案磬師云教縵樂燕樂之鍾磬注云燕樂房中之樂所謂陰聲也二樂皆教其鍾磬房中樂得有鍾磬者彼據教房中

樂詩祭祀而用之故有鍾磬
也房中及燕則無鍾磬也

儀禮卷第六 經三千三百二十三 注四千六百二十

儀禮疏卷第十五

大清嘉慶二十年春
用文選樓藏本校

江西督糧道王賡言廣豐縣知縣阿應鱗栞

儀禮注疏卷十五挍勘記　阮元撰盧宣旬摘錄

司宮兼卷重席

有蒲筵萑席兩種席　通解要義同毛本種作重下並同

三重再重　下重字陳本作種非也

決鄉飲酒鄉射　陳閩通解要義同毛本鄉作卿

彼遵尊於主人　陳本要義同毛本遵作尊

乃薦脯醢○右祭脯醢　脯唐石經作酺誤

射人乃升卿

上公得置孤卿一人　毛本公誤作命要義作國亦誤

彼是殷法同之　要義同毛本同作用

故同稱公 通解要義同毛本公作云

席于阼階西

初無加席者 要義無初字

云親寵苟敬私昵之坐者 要義云下有亦爲阼階西位近君君則屈十一字

此孤亦席於阼階之西 通解要義同毛本亦作一○按亦是也

小臣又請媵爵者二大夫媵爵如初 唐石經大夫下重出大夫二字按疏讀二大夫媵爵如初爲何則亦無大夫二字大射亦無前經小臣請媵爵者公命長小臣作下大夫二人媵爵媵爵者阼階下云云此經不言公命不言小臣作俱省文也

請致者

自優暇也古文云阼階下北面再拜 古文以下十字毛本並脫徐本集釋通解

倶有

公又行一爵

已爲賓舉旅已要義作以

主人洗升

不酢辟君不下要義有酬字毛本通解辟作爵要義作辟

辯獻大夫

亦獻而後布席也後徐葛陳閩監本集釋通解倶作后

卒○大夫皆升就席唐石經徐本集釋楊氏敖氏同毛本通解無升字石經考文提要云前主人洗升節疏述經起訖云自此盡皆升就席明有升字○按大射亦有升字

席工于西階上

瞽矇歌諷誦詩者也　矇嚴鍾葛本俱从目毛本徐本誤从月

小臣納工

燕禮輕　毛本燕作按徐本集釋通解楊氏俱作燕與疏合

得相參之意　意要義作禮

工歌鹿鳴

及四方之賓宴　張氏曰注曰鹿鳴君與臣下及四方之賓宴又曰宴歡在于飲酒成其意監本宴並作宴

可則傚也　釋文徐本集釋通解要義同毛本傚作效陸氏曰傚本又作詨同

此采其更是勞苦　集釋通解要義毛本同徐本是作自

公又舉奠觶

笙奏之前　前陳閩俱作問

笙入

且正考父　徐陳集釋通解要義同毛本且作宜

遂歌鄉樂〇葛覃　覃宋本釋文作蕈　〇采蘩　蘩陳閩監本俱作繁

能修其法度也　盧文弨改修爲循金曰追云修鄉飲作循詩序亦作循〇按鄉飲注之循徐本作修此注之修諸本無作循者

於時文王　毛本時誤作是

德化被于南土　徐陳集釋通解要義同毛本南作西鍾本西土作南山

夫婦之道者　集釋無者字

然則諸侯之相與燕　徐本集釋要義俱無之字通解有

飲酒不言鄉樂者　要義同毛本飲上有鄉字

大師告于樂正曰　告下唐石經徐本集釋要義楊氏敖氏俱有于字通解毛本無

教六詩以六律爲之音者也　徐本集釋通解楊氏同毛本六詩作大師陳葛俱誤作六師疏同

對小師已下二百八爲上士也　周學健依春官大師小師職文改二百爲三百改上士爲上工

教六詩以六律爲之音者也者　毛本六詩作大師

大蔟　陳本同毛本蔟作簇按毛本非

樂正由楹内

西面北上坐時　時上陳閩俱有一字

故大樂正升堂 要義同毛本故下有知字

射人自阼階下

乃行旅酬故立司正之後乃行旅酬 毛本脫故立以下十字通解要義俱有

司正洗角觶

前解主意爲賓 陳閩要義同毛本主作立

賓反入

則君脫屨之在堂上席側 浦鏜云之字當衍文按或之字下有脫字

羞庶羞

取狗肝一蒙之以其膋 要義同毛本一蒙作以幪○按內則作幪此本非也一字不誤

主人洗升○主人拜送觶唐石經徐本集釋通解要義楊氏敖氏同毛本送作受

乃薦

當官雖多官陳閩俱作宮

主人就旅食之尊

在西鐏之南要義同毛本鐏作罇○按作鐏與大射儀合

若射

鄉射記曰曰集釋作云按戴氏以云字爲衍文

是以特言此也毛本此作之

故故大射初毛本故故作故曰通解直云故大射初無曰字○按毛本是

於竟則虎中龍旜毛本竟作境陳本通解俱作竟下同射於飲酒決射下脫主

字

大夫立卒爵不拜賓之唐石經徐陳集釋通解楊氏敖氏同毛本賓作賔

旅則及之陳本通解同毛本則作酬

主人洗

鎛人陸氏曰本又作鑮下同〇按諸本鑮鎛雜出後不悉校

凡獻皆薦也毛本薦誤作爵

掌事寔同寔要義作是

堂前三笴毛本無三字

卽在工後也毛本此下有工內相三字

按天官小臣序官云內小臣奄陳閩通解俱無小臣序官云五字

受賜爵者

但先君受爵顧廣圻云受當作虛宋單疏本已誤

以其將旅通解同毛本旅下有酬字

唯受爵於公者

乃是綏辭毛本乃是誤倒

士不拜受爵

今乃設賓不言賓要義同陳閩設俱作没周學健云謂經没其文而不見也大射儀卿大夫皆降節疏亦有没賓之語可証

彼釋此言也陳閩俱無言字

脊則庶子○閽人爲大燭於門外唐石經無大字按大射亦無大字

廣設之而已要義同毛本廣作席

奏陔

注陔夏至奏之案陔夏宜作陔陔

對曰

謂獨有恩厚也徐本同集釋通解毛本有作受

君貺寡君多矣

拜主君賜燕之命者毛本賜作用

記燕朝服於寢

皆記經不具者具陳閩俱作言

復下曰爲毛本曰誤作白

其牲狗也　毛本並脱唐石經徐本集釋楊氏敖氏俱有

狗取擇人也明非其人不與爲禮也　毛本並脱徐本集釋楊氏俱有按此節經注通解無

若與四方之賓燕

不如之也　要義同毛本如作入

賓爲苟敬

主國君鄉時　徐本同釋文集釋通解楊氏鄉俱作饗陸氏曰或作鄉非○按疏亦作鄉然以聘禮記賓爲苟敬注考之作饗爲是彼注與此注文異義同彼言饗食此專言饗者春秋僖二十五年左氏傳曰晉侯朝王王饗醴命之宥是饗有進醴之事與燕同類故對言之且饗食與燕其事相連若聘後禮賓自爲一事何容相較乎又聘禮注云今文饗皆作鄉則鄉饗古通用此注卽作鄉亦當讀爲饗不當讀爲鄉也

今燕又宜獻焉　徐本集釋通解楊氏同毛本宜作且

云主國君饗時　按疏以禮賓之時釋鄉時則讀鄉爲嚮矣此句及下文而云饗時也兩饗字似當作鄉然此本與要義俱作饗許宗彥云疏又曰饗禮亡無以引證則此饗字不誤

無以可言　要義同毛本可言作引證

此謂在阼西北面　此要義作正

如諸公之位也　陳本要義同毛本如下有獻字

賓實主國所宜敬也者賓實主國所宜敬　要義同毛及監本俱脫下七字陳閩通解俱脫上九字

無膳尊

卿大夫來聘　毛本卿作鄉陳閩通解要義俱作卿與郊特牲注合

故鄭引彼經以證此　要義同毛本通解此作出〇按此是也

獻士之後　陳閩通解要義同毛本士作主

與卿燕

君恒以大夫爲賓者　恒徐本集釋通解楊氏俱作恒與述注合陳本毛本作但

爲賓之義　要義同毛本義作儀

云君恒以大夫爲賓者　毛本恒作但要義誤桓

若舞則勺

告成大武之樂歌也　毛本武誤作舞疏同

唯公與賓有俎　徐本同毛本通解唯俱作惟按諸本惟唯錯出不悉校

凡栗階

猶聚足連步一也要義同毛本通解無一字

此卽聚足一也要義同毛本無一字

凡薦與羞者通解無與字

有內羞

擣粉熬大豆爲之爲之二字毛本通解誤作爲餌按周禮注無爲之二字

餈之黏著以粉之耳通解同作黏著與周禮注合陳本作粘著毛本作粘者

上射退于物一笴

荅對徐本集釋俱有此注通解無毛本並脫

若與四方之賓燕

謂公卿者酬之鄉諸本俱作鄉唯嚴鍾楊氏毛本作卿酬毛本作酌徐本集釋通解楊敖俱作酬

有房中之樂

弦歌周南召南之詩　毛本弦作絃徐本作弦與標目合

注弦歌至君子　毛本弦作絃○按諸本弦絃錯出不悉校

明四方之賓而有之　浦鏜云明下疑脫爲字

明依本無鍾磬也　要義同毛本依作彼閩監俱誤作衣毛本鍾作鐘

儀禮注疏卷十五校勘記終

奉新余成教校

儀禮疏卷第十六　儀禮卷第七

唐朝散大夫行大學博士弘文館學士臣賈公彦等撰

大射。第七

疏 大射第七。鄭目録云名曰大射者諸侯將有祭祀之事與其羣臣射以觀其禮數中者得與於祭不數中者不得與於祭射義於五禮屬嘉禮大戴此第十三小戴及别録皆第七。釋曰云諸侯將有祭祀之事以下文出於射義

儀禮　鄭氏注

大射之儀君有命戒射將有祭祀之事當射宰告於君君乃命之言君有命政教宜由尊者

疏 大射至戒射。注將有至尊者。釋曰自此盡西紘論射前預戒諸官及張侯設樂懸之事不言禮言儀者以射禮盛威儀多故以儀言之是以射義云孔子曰射者何以射何以聽循聲而發發不失正鵠者其唯賢者乎若夫不肖之人則彼將安能以中是其射容難故稱儀也云將有祭祀之事當射者按射義云天子將祭必先習射於澤澤者所以擇士也已射於澤而后射於射宮射中者得與於祭不中者不得與於祭是其將祭必射也云宰告於君君乃

命之者鄭意不云宰戒百官者宰先告君君之使戒乃戒即云戒百官是也云言君有命政教宜由尊者其經云戒射此戒亦政教之類故以政教言之也

宰戒百官有事於射者

宰於天子冢宰治官卿也作大事則掌以君命戒於百官

疏 宰戒至射者○注宰於至百官○釋曰按周禮大宰職云掌百官之誓戒此言宰戒百官其事同故鄭以天子冢宰言之也其實諸侯兼官無冢宰立地官司徒以兼之故聘禮云宰命司馬注云宰上卿貳君事者也諸侯謂司徒爲宰是諸侯立司徒兼冢宰之事也言大事則掌以君命戒於百官者周禮大宰職云作大事則戒于百官贊王命是鄭之所引以證宰戒之事也

射人戒諸公卿大夫射司士戒士射與贊者

射人掌以射法治射儀司士掌國中之士治凡其戒命皆司馬之屬也殊戒公卿大夫與士辨貴賤也贊佐也謂士佐執事不射者

疏 射人至贊者○注射人至射者○釋曰上文宰官尊摠戒此射人司士色別重戒之謂若天官冢宰戒百官宗伯大司寇之等重戒也云射人掌以射法治射儀者夏官射人文云司士掌國中之士治凡其戒令者此司士職文云國中之士彼士摠公卿大夫士而言此射人已戒

公卿大夫則司士戒士贊者唯有士不兼大夫已上不同者斷章取義故與本職不同也云皆司馬之屬也者射人司士皆屬司馬故云司馬屬也此上下文所云戒者皆謂祭前旬有一日知者祭統云先期旬有一日宮宰宿夫人夫人亦散齋七日致齋三日若然卜及戒皆在旬有一日是大宰云前期十日帥執事而卜日遂戒注云前期前所諏之日也十日容散齋七日致齋三日其天子又有天地及山川社稷宗廟諸侯直有境内山川社稷宗廟卜日及戒皆同也按郊特牲云卜郊受命于祖廟作龜于禰宮卜之日王立于澤親聽誓命又云獻命庫門之内戒百官也大廟之命戒百姓也注云王自澤宮而還以誓命重相申勅也王自此還齋路寢之室若然卜日在澤宮又至射宮皆同在旬有一日空十日故後日乃齋也

前射三日宰夫戒宰及司馬射人宿視滌

宰夫冢宰之屬掌百官之徵令者司馬於天子政官之御凡大射則合其六耦滌謂漑器埽除射宮

疏 前射至視滌○注宰夫至射宮○釋曰此宰夫戒是再戒之宿不云宿者辟下宿視滌何者宰夫戒是申戒下宿是夕宿是以宗伯云凡祀大神享大鬼祭大示帥執事而卜日宿視滌濯注云宿申戒也此前有射人戒是七日前期此宰夫戒是申戒又

知宿是夕宿者以戒宿同文明不同日以其上云前射三日戒明此非三日是前一日矣云宰夫冢宰之屬者按大宰云小宰中大夫二人宰夫下大夫四人屬冢宰故云冢宰之屬云掌百官之徵令者宰夫職文云司馬於天子政官之卿者小宰職云四曰司馬其屬六十掌邦政是也云凡大射則合其六耦者大司馬職云若大射合諸侯之六耦是將祭而射故使諸侯爲耦若其餘射則卿大夫以下爲耦也云滌謂漑器埽除者以其諸侯射先行燕禮不視滌器明滌器是射器及埽除射宮也

司馬命量人量侯道與所設乏以貍步大侯九十參七十干五十設乏各去其侯西十北十

量人司馬之屬掌量道巷塗數者侯謂所射布也尊者射之以威不寧侯卑者射之以求爲侯量侯道謂去堂遠近也容謂之乏所以爲獲者之禦矢貍之伺物毋舉足者止視遠近爲發必中也是以量侯道取象焉鄉射記曰侯道五十弓考工記曰弓之下制六尺則此貍步六尺明矣大侯熊侯謂之大者與天子熊侯同參讀爲糝糝雜也雜侯者豹鵠而麋飾下天子大夫也干讀爲豻豻侯者豻鵠豻飾也大夫將祭於已射麋侯士無臣祭不射

疏 司馬

至北十○注量人至不射○釋曰云量人司馬之屬掌量道巷塗數者量人職文量人屬司馬故云司馬之屬也云侯謂所射布也者以其三侯皆以布。以皮爲鵠旁又飾以皮也云尊者射之以威不寧侯者即梓人云毋或若汝不寧侯不屬于王所故抗而射汝是也云卑者射之以求爲諸侯者射義云故天子之大射謂之射侯射侯者射爲諸侯也射中則得爲諸侯射不中則不得爲諸侯是也。容謂之乏所以爲獲者之御矢者此云乏周禮射人云容所以爲獲者之禦矢解容乏之義以其容身故得禦矢言乏之矢於此乏匱不去也云則此貍步六尺明矣。鄭云此者陰破先鄭故先鄭注射人貍步謂一舉足爲步於今爲半步故鄭注彼亦引弓之下制六尺以非之也云大侯熊侯謂之大者與天子熊侯同者司裘職云王大射則共虎侯熊侯豹侯設其鵠諸侯則共熊侯豹侯彼畿内諸侯二侯以熊侯爲首此畿外諸侯三侯與天子同不得與天子同其大射時所用物宜與畿内諸侯同用熊又與天子熊侯同故云大侯也云參讀爲糝糝雜也雜侯者豹鵠而麋飾下天子大夫也者司裘云卿大夫則共麋侯此則以豹皮爲鵠以麋飾其側不用純麋是下天子大夫也必知以豹爲鵠以麋爲飾者天子卿大夫用麋侯諸侯卿大夫亦用麋侯並據已家用之若助祭亦射君之第二侯明君之第二侯用麋飾其側侯以飾得名又畿內諸侯第二侯用豹爲鵠故知畿外諸侯亦以豹皮爲鵠可知云干讀爲豻豻侯者豻鵠豻飾也者亦取捷黠意大夫將祭於已射麋侯者司裘云卿大夫共麋侯是天子卿大夫以孝經云大夫有爭臣三人以有臣故將祭得大射擇士鄭言此者以已射用麋侯又見助君祭亦射君之麋侯云士無臣祭不射者孝經云士有爭友不言臣以僕隸爲友司裘卿大夫下不言士故祭不言士大射若然士有賓射燕射不得大射雖不得大射得與君賓射故射人注不言士者此與諸侯之賓射士不與也若然諸侯之士亦然也

遂命量人巾車張三侯大侯之崇見鵠於參參見鵠於干干不及地武不繫左下綱設之西十北十凡之用革

巾車於天子宗伯之屬掌裝衣車者亦使張侯侯巾類崇高也高必見鵠鵠所射之主射義曰爲人君者以爲君鵠爲人臣者以爲臣鵠爲人父者以爲父鵠爲人子者以爲子鵠言射中此乃能任已位也鵠之言較較直也射者所以直已志或曰鵠鳥名射之難中中之爲俊是以所射於侯取名也淮南子曰鳱鵠知來然則所云正者正也亦鳥名齊魯之閒名

題肩爲正正鵠皆鳥之捷黠者考工記曰梓人爲侯廣與崇方參分其廣而鵠居一焉則大侯之鵠方六尺糝侯之鵠方四尺六寸大半寸豻侯之鵠方三尺三寸少半寸及至也武迹也中人之足長尺二寸以豻侯計之糝侯去地一丈五寸少半寸大侯去地二丈二尺五寸少半寸凡侯北面西方謂之左前射三日張侯設乏欲使有事者豫志焉

疏 遂命至用革○注巾車至志焉○釋曰上文直命量人量侯道及乏遠近之處此經論張侯高下之法也云設乏西十北十者鄉射云乏參侯道居侯黨之一西五步注云此乏去侯北十丈西三丈云西十北十則西與北皆六丈不得爲三分居侯黨之一者以其三侯入堂深故也若然此三侯之下摠云西十北十則三侯之乏皆西十北十矣西亦六丈者以三侯恐矢揚傷人與一侯亦異也云巾車於天子宗伯之屬者周禮巾車屬宗伯故云宗伯之屬也云掌裝衣車者天子五路木路無革輓革路有革無異飾玉路金路象路有革輓又有玉金象爲飾孤乘夏篆卿乘夏縵皆以物爲飾故云裝衣車者也云侯巾類者侯亦有飾故鄉射記云凡畫者丹質及正鵠之飾故云巾類也引射義者欲證射以鵠爲主也云鵠之言較較直也射者所以直已志幷下注云然則所云正者正也此取射義解之故射義云射者內志正外體直然後持

弓矢審固注云內正外直正鵠之名出自此是也云或曰鵠鳥名射之難中中之爲俊是以所射於侯取名也并下云○亦鳥名齊魯之間名題肩爲正正鵠皆鳥之捷黠者鄭以正鵠之名有此二義故兩解之也云考工記梓人爲侯廣與崇方參分其廣而鵠居一焉者三等皆高廣等引之者鄭欲解經見鵠之義故先知侯鵠廣狹尺寸也云則大侯之鵠方六尺者以侯道九十弓弓取二寸二九十八侯中丈八尺三分其侯而鵠居一故知鵠方六尺也云糝侯之鵠方四尺六寸大半寸者以侯道七十弓弓取二寸則侯中丈四尺三分其侯鵠居其一以丈四取丈二三分得四尺又於二尺之內取尺八寸又得六寸又二寸一寸爲三分揔六分取二分二分於三分爲三分寸之二三分寸之二即是大半寸故云糝侯之鵠方四尺六寸大半寸也云豻侯之鵠方三尺三寸少半寸者豻侯侯道五十弓弓取二寸則侯中方一丈三分其侯鵠居一焉一丈且取九尺得三尺一尺取九寸得三寸一寸分爲三分得一分則是三分寸之一三分寸之一則是少半寸故云豻侯之鵠方三尺三寸少半寸也云中人之足長尺二寸者無正文以目驗而知云以豻侯計之者以大侯糝侯高下無文豻侯云下綱不及地武則豻侯下綱去地尺二寸以是從豻侯計之也豻侯侯中一丈上下躬及上下舌各二尺合

八尺是丈八尺矣又下不及地尺二寸則豻侯上綱去地丈九尺二寸也糝侯侯中丈四尺中上中下各四尺得八尺并之二丈二尺也鵠居侯中三分之一則鵠下亦有四尺六寸大半寸適躬身。四尺爲八尺六寸三分寸之二矣張法糝鵠下畔與豻侯之上綱齊所謂見鵠於豻自餘糝侯鵠下畔八尺六寸大半寸在掩豻侯亦如之豻侯上豻本去地丈九尺二寸直掩八尺上有一丈一尺二寸在復掩六寸上有一丈六寸在復掩三分寸二唯有一丈五寸三分寸一在少半寸者即三分寸一也言大半寸者即三分寸二也故知糝侯下綱去地一丈五寸少半寸也大侯中丈八尺中之上下各四尺即八尺矣中方丈八尺更加八尺二丈六尺也糝侯去地丈五寸少半寸本上綱下綱相去二丈二尺其舉也上綱去地三丈二尺五寸少半寸也大侯鵠下畔與糝侯上綱齊所謂見鵠於糝也侯中丈八尺三分之則鵠下亦有六尺下躬身四尺一丈矣則大侯自鵠以下掩糝侯一丈也自一丈以下猶有二丈二尺五寸少半寸在是大侯下綱去地亦然故注於此數也云前射三日張侯設乏知三日者前文云前射三日下云樂人宿縣下云厥明自前射三日以後論事不著異日故知張侯與設乏同是射前三日矣

樂人宿縣于阼階東笙磬西

面其南笙鍾其南鑮皆南陳笙猶生也東爲陽中萬物以生春秋傳曰大蔟所以金奏贊陽出滯沽洗所以脩絜百物考神納賓是以東方鍾磬謂之笙皆編而縣之周禮曰凡縣鍾磬半爲堵全爲肆有鍾有磬爲全鑮如鍾而大奏樂以鼓鑮爲節

【疏】樂人至南陳○注笙猶至爲節○釋曰云東爲陽中萬物以生者陽氣起於子盛於午故東方爲陽中也萬物以生以其正月三陽生大蔟用事故萬物生焉云春秋傳者是外傳伶州鳩對周景王辭引之者證鍾磬爲笙之事大蔟者寅上候氣之管度律均鍾金即鍾也故奏之所以贊陽出滯云姑洗所以脩絜百物考神納賓者亦據度律均鍾姑洗在辰三月百物脩絜而出考神納賓謂祭祀而有助祭之賓客但東方陽管皆有此二律故據此二律言之是以名東方鍾磬爲笙也云皆編而縣之者言皆者欲解磬非應律之物與鍾同言之者以其鑮與鼓雖同西面與鍾同不編之而磬與鍾同十六枚而在一虡與鍾同編又同宫故兼言磬是以磬師職云掌教擊磬擊編鍾注云磬亦編於鍾言之者鍾有不編不編者鍾師擊之是其磬與鍾編之此東方云笙而西方言頌者以其東則無射主西方成功收藏故稱頌頌者美盛德之形容故云頌也但天有十二次地有十二辰按書傳云天子

出撞黃鍾之鍾右五鍾皆應入則撞蕤賓之鍾左五鍾皆應左右云五則除黃鍾蕤賓並爲陽而應鍾林鍾巳西爲右五也大吕中。吕巳東爲左五也云周禮曰凡縣鍾磬半爲堵全爲肆者周禮小胥職文鼓鑮亦縣而直言鍾磬者據編縣者爲文鼓鑮筍虡之上各縣一而已不編之鄭彼注云半之者謂諸侯之卿大夫士也諸侯之卿大夫半天子之卿大夫天子之卿大夫判縣東西各有鍾磬是全之爲肆諸侯卿大夫雖同判縣半天子卿大夫取一相鍾磬分爲兩相西縣鍾東縣磬而天子之士特縣直東有鍾磬且是全之爲肆諸侯之士直特縣半天子之士縣磬而已或於階閒或於東方又天子宫縣四面皆有諸侯軒縣闕南面面皆有鍾磬鑮及鼓具有也卿大夫士皆無鑮者若有鑮則諸侯臣半天子臣不得具是以闕之云鑮如鍾而大者特牲注亦云鑮如鍾而大並據國語而注之以言鑮形如鍾而復大以大故特一縣不編之也云奏樂以鼓鑮爲節者按周禮鑮師云掌金奏之鼓注云謂主擊晉鼓以奏其鍾鑮也以此言之則先擊鼓後擊鍾鑮皆是與樂爲節故鄭注以鼓鑮爲節不言鍾磬已注解故不言也

建鼓在阼階西南鼓應鼙在其東南鼓

建猶樹也以木貫而載之樹之跗也南鼓謂所伐面也應鼙應朔鼙也先

擊朔鼙。應之鼙小鼓也在東便其先擊小後擊大也鼓不在東縣南爲君也

疏建鼓至南鼓○注建猶至君也○釋曰下西面北面建鼓皆言一此建鼓不言一者彼在本方故須言一見無他鼓此鼓本東方以爲君故移來在北方故異其文不言一也云建猶樹也以木貫而載之樹之跗也者按明堂位云殷楹鼓周縣鼓注云楹爲之柱貫中上出也一縣縣之於簨虡也此云以木貫而載之則爲之柱貫中上出一也周人縣鼓今言建鼓則殷法也若醮用酒之類主於射略於樂故用先代鼓云鼓不在東縣南爲君者决下一建鼓在其南東鼓者爲賓復不在東縣北者取順君面故也

西階之西頌磬東面其南鍾其南鑮皆南陳一建鼓在其南東鼓朔鼙在其北言成功曰頌西爲陰中萬物之所成春秋傳曰夷則所以詠歌九則平民無貳無射所以宣布哲人之令德示民軌儀是以西方鍾磬謂之頌頌朔始也奏樂先擊西鼙樂爲賓所由來也鍾不言頌鼙不言東鼓義同省文也古文頌爲庸

疏西階至其北○注言成至爲庸○釋曰言春秋傳者亦是外傳文云詠歌九則者謂六府三事九功之德是也以此九則平民使無差貳云無射所以宣布哲人之

令德者哲人謂后稷后稷以稼穡之功成於季秋先王之業以農爲本故云示民軌義謂軌法義理也云先擊西鼙樂爲賓所由來也者解先擊朔鼙應之意。賓向外來位在西其樂主爲樂賓故先擊朔鼙應鼙應之也云鍾不言頌鼙不言東鼓義同省文也者決上東方言笙鍾應鼙言南鼓此當言頌鍾東鼓義與上文同亦合有而不言者省文也云古文頌爲庸者此雖疊古文不從亦通義是尚書云笙庸以閒一建鼓笙東方鍾磬西方是庸亦功也亦有成功之義也

在西階之東南面言面者國君於其羣臣備三面爾無鍾磬有鼓而已其爲諸侯則軒縣

疏一建至南面。注言面至軒縣。釋曰云言面者國君於其羣臣備三面爾者言國君合有三面爲辟射位又與羣臣射闕北面無鍾磬鎛直有一建鼓而已故不言南鼓而言南面也云其爲諸侯則軒縣者若與諸侯饗燕之類則依諸侯軒縣三面皆有鼓與鍾磬鎛

簜在建鼓之閒簜竹也謂笙簫之屬倚於堂

疏簜在建鼓之閒。注簜竹至於堂。釋曰按禹貢云篠簜既敷注云簜竹故知此簜亦竹也其器則管也是以下云乃管新宮注云管謂吹簜故知竹管也按小師職注云管如篴而小併兩而吹之今大予樂官有焉爾雅云大笙謂之巢小者

謂之和簫大者二十三管長尺四寸小者十六管長尺二寸大笙十九簧小者十三簧若然笙簫與管器異以其皆用竹故云笙簫之屬也云倚於堂者管擬吹之不倚在兩建鼓閒者以不得倚於鼓故知倚於堂也

鼗倚于頌磬西紘鼗如鼓而小有柄賓至搖之以奏樂也紘編磬繩也設鼗於磬西倚于紘也王制曰天子賜諸侯樂則以柷將之賜伯子男樂則以鼗將之

疏鼗倚至西紘○注鼗如至將之○釋曰知鼗如鼓而小者按鄭詩云猗與那與置我鼗鼓傳云猗歎辭那多也鄭讀置爲植植鼗鼓者爲楹貫而樹之美湯受命伐桀定天下而作護樂故歎之多其改夏之制乃始植我殷家之樂鼗與鼓也鼗雖不植貫而搖之亦植之類以其殷人植鼓以木貫之而下有柎鼗亦以木爲柄而貫之但手執而不植爲異故云亦植之類鼗與鼓同文是鼗如鼓而小也知有柄賓至搖之以奏樂者按眡瞭職云掌凡樂事播鼗擊頌磬笙磬言擊鼗言播播爲搖之可知鼗所以節樂賓至乃樂作故至賓至搖之以奏樂也云紘編編磬繩也者紘若天子諸侯冕而朱紘用組之類磬又編縣之用紘故知紘編磬繩也知設鼗於磬西倚於紘者以其鍾磬皆面向東人居其前西面故知鼗在磬西倚之於紘也引王制者證鼗爲節樂之器柷狀如漆筩中有椎所以

節樂鼗亦節樂柷大於鼗故賜公侯樂則以柷將命賜伯子男樂則以鼗將命自餘樂器陳於外也廞明

司宮尊于東楹之西兩方壺膳尊兩甒在南有豐冪用錫若絺綴諸箭蓋冪加勺又反之皆玄尊酒在北

膳尊君尊也後陳之尊之也豐以承尊也說者以爲若井鹿盧其爲字從豆曲聲近似豆大而卑矣冪覆尊巾也錫細布也絺細葛也箭篠也爲冪。蓋卷辟綴於篠橫之也又反之爲覆勺也皆玄尊二者皆有玄酒之尊重本也酒在北尊統於君南爲上也唯君面尊言專惠也今文錫或作緆絺或作綌古文箭作晉

疏 廞明至在北○注膳尊至作晉○釋曰自此盡羹定論豫設尊洗具饌之事案禮記燕義諸侯射先行燕禮此以下至東陳皆陳設器物與燕禮同但文有詳略耳云說者以爲若井鹿盧者鹿盧之形即葬下棺碑閒重鹿盧之轆今見井上竪柱夾之以索繞而挽之是也云其爲字從豆曲聲者此謂上聲下形之字年和穀豆多有故從豆爲形也豐者承尊之器象形也是以豐年之字曲下著豆今諸經皆以承尊爵之曲不用本字之曲而用豐年之豐故鄭還旅豐字解之故云其爲字從豆爲形

以曲爲聲也云近似豆大而卑矣者既用豆爲形還近似籩豆之豆舉漢法而知但豆口徑尺柄亦長尺口徑小而又高此承尊之物口足徑各宜差寬中央亦大共高尺比常豆而下故云近似豆而卑但𨁝一大木爲之取其安穩此豐若在宗廟或兩君燕亦謂之坫致爵在於上故論語云邦君爲兩君之好有反坫鄭注云反坫反爵之坫是也必用豐年之豐爲坫者以其時和年豐萬物成孰粢盛豐備以共郊廟神歆其祀祝嘏其福至鄉飲酒鄉射燕禮大射或君與臣下及四方之賓燕家富民足人情優暇言酒嘉肴盈尊滿組於以講道論政既獻酬侑酢至無筭爵行禮交樂和上下相歡勸飲爲樂故也云錫細布也者喪服記曰錫者十五升抽其半無事其縷有事其布曰錫故知錫是細布也謂之錫者治其布使之滑易也云唯君面尊者玉藻文注云面鄉也彼謂人君燕臣子專其恩惠此大射亦謂人君燕臣下與彼是同專惠之道故皆尊鼻鄉君云言專惠者決鄉飲酒尊于房戶之間賓主夾之不得專惠故也

尊士旅食于西鑮之南北面兩圜壺旅衆也士衆食未得正祿謂庶人在官者圜壺變於方也賤無玄酒

疏 尊士至圜壺○注旅衆至玄酒○釋曰前設縣時鑮南更有一建鼓今設尊不應在鼓北而云鑮南

者其質在鼓南門西北面與燕禮同而云鎛南者遙繼鎛而言必繼鎛者樂以縣爲主故也

又尊于大侯之乏東北兩壺獻酒爲隸僕人巾車縿侯豻侯之獲者獻讀爲沙沙酒濁特泲之必摩沙者也兩壺皆沙酒郊特牲曰汁獻涗于醆酒服不之尊俟時而陳於南統於侯皆東面

疏又尊至獻酒○注爲隸至東面○釋曰知爲隸僕人巾車縿侯豻侯之獲者以其此人皆有功又下文以此尊獻之故知也知沙酒濁者以五齊從下向上差之醍沈清於泛醴盎鬱又在五齊之上故知沙酒濁也云特泲之必摩沙者也者此解名沙酒之意云郊特牲曰汁獻涗于醆酒者此以五齊中取醆酒盎齊泲鬱鬯之事獻沙也泲鬱鬯之時和盎齊以手摩沙出其香汁涗清也泲之使清也此爲隸僕以下卑賤之人而獻鬱鬯者此所得獻皆因祭侯謂侯之神故用鬱鬯也云服不之尊俟時而陳於南統於侯皆東面知此不爲大侯服不設者案下文云服不之尊東面南上故鄭云俟時而陳於南統於侯皆東面也

設洗于阼階東南罍水在東篚在洗西南陳設膳篚在其北西面或言南陳或言西面異其文也

疏設洗至西

面○注或言至文也○釋曰云異其文也者洗篚言南陳亦西面膳篚言西面亦南陳其實所從言異尊君故也

又設洗于獲者之尊西北水在洗北篚在南東陳亦統於侯也無爵因服不也有篚爲負虛爵也服不之洗亦侯時而陳於其南

疏又設至東陳○注亦統至其南○釋曰云亦統於侯也者前設尊兩獻酒亦云服不之尊侯時而陳於南統於侯今此設篚在南後設服不之洗在南亦統於侯

小臣設公席于阼階上西鄉司宮設賓席于戶西南面有加席卿席賓東東上小卿賓西東上大夫繼而東上若有東面者則北上席工于西階之東東上諸公阼階西北面東上唯賓及公席布之也其餘樹之於位後耳小卿命於其君者也席於賓西射禮辨貴賤也諸公大國有孤卿一人與君論道亦不典職如公矣

疏小臣至東上○注唯賓至公矣○釋曰知賓及公席布之其餘樹之於位後者下文更有孤卿大夫席文

故知也此實未命而言命之者欲辨尊卑故先言也孤尊而後言之者言若是有無不定故後言也云小卿命於其君者也者按王制云大國三卿皆命於天子次國三卿二卿命於天子一卿命於其君小國亦三卿一卿命於天子二卿命於其君若言小卿據次國已下有之云射禮辨貴賤也者決燕禮大小卿皆在尊東西無小卿位彼主於燕不辨貴賤故也云與君論道亦不典職如公矣者成王周官云立大師大傅大保茲惟三公論道經邦爕理陰陽是三公論道無職此大國立孤一人論道與公同亦無職故云不典職如公也縱鄭不見周官於周禮三公亦無職考工記云或坐而論道亦通及三公矣

官饌百官各饌其所當共之物䟽官饌○釋曰燕禮宰饌此不言宰而言官者欲見非獨宰故鄭云百官各饌

羞定亨肉孰也射義曰諸侯之射也必先行燕禮燕禮牲用狗射人告具于公公升即位于席西鄉小臣師納諸公卿大夫諸公卿大夫皆入門右北面東上士西方東面北上大史在干侯之東北北面東上士旅食者

在士南北面東上小臣師從者在東堂下南面西上大史在干侯東北士旅食者在士南爲有侯入庭深也小臣師正之佐也正相君出入君之大命

疏射人至西上○注大史至大命○釋曰自此盡少進論羣臣立位之事云大史在干侯東北士旅食者在士南爲有侯入庭深也者決燕禮士旅食者立于門西東上此不繼門而在士南繼士者爲有侯故入庭深也云小臣師正之佐也者下有小臣正正長也故以師爲佐云正相君出入君之大命者小臣正小臣中尊如天子大僕故引大僕職解之也

公降立于阼階之東南南鄉小臣師詔揖諸公卿大夫諸公卿大夫西面北上揖大夫大夫皆少進詔告也變爾言揖亦以其入庭深也上言大夫誤衍耳

疏注詔告至衍耳○釋曰燕禮言爾以其近門去君遠而言爾爾近也移也揖之使移近此入庭深故不言爾而言揖揖之而已不須移近之也云上言大大夫誤衍者以其大夫與公卿面有異故下別言大夫少進明上有大夫誤衍大夫大夫四字也

大射正擯大射正射人之

長疏大射正擯○注大射正射人之長○釋曰自此盡門外北面論請立賓之事大射正對射人爲長若小臣正對小臣師亦爲長擯者請賓公曰命某爲賓某大夫名擯者命賓賓少進禮辭命賓者東面南顧辭辭以不敢反命以賓之辭告於君又命之賓再拜稽首受命又復擯者反命賓出立于門外北面公揖卿大夫升就席小臣自阼階下北面請執冪者與羞膳者請士可使執君兩甒之冪及羞脯醢庶羞於君者方圜壺獻無冪疏公揖至膳者○注請士至無冪○釋曰自此盡公卿者論卿大夫定位及請執冪之事云請士可使者鄭知請士者據燕禮而知云方圜壺獻無冪者方圜壺臣尊獻獲者尊皆無冪乃命執冪者執冪者升自西階立于尊南北面東上命者於西階前以公命命之東上執玄尊之冪爲上羞膳者從而東由堂東升自北階立于房中西面南上不言命者不

升堂畧之【疏】乃命至東上○注命者至畧之○釋曰知命之在西階前者以其小臣位在東堂下於阼階請公命乃就西階請執冪者以其執冪者士位在西故也云羞膳者從而東者已於燕禮釋訖云不升堂者但不由南方升畧之升自北堂是亦升堂矣

膳宰請羞于諸公卿者膳宰請者異於君也【疏】膳宰至卿者○釋曰不言命者對君言命於臣畧之

擯者納賓賓及庭公降一等揖賓賓辭及至也辭遂適不敢當盛【疏】擯者至賓辭○注及至至當盛○釋曰自此盡賓荅再拜論主人迎賓拜至及獻賓之事云公降一等揖賓不言請賓至位就席者亦是以賓與主人為禮禮不參故不請也此言賓辭燕禮不言文畧也

公升即席以賓將與主人為禮不參之

奏肆夏肆夏樂章名今亡呂叔玉云肆夏時邁也時邁者大平巡守祭山川之樂歌其詩曰明昭有周式序在位又曰我求懿德肆于時夏奏此以延賓其著宣王德勸賢與周禮曰賓出入奏肆夏【疏】奏肆夏○注肆夏至肆夏○釋曰云肆夏樂章名今亡者案周禮鍾師云以鍾鼓奏九夏杜子春引呂叔玉以爲肆夏時邁也繁遏執傹也渠思文也後鄭云以文王鹿

鳴言之則九夏皆詩篇名頌之族類也此歌之大者載在樂章樂崩亦從而亡是以頌不能具鄭彼注破呂叔玉此注亦云肆夏樂章名今亡與彼注亦同今此又引呂叔玉於下者以無正文叔玉或爲一義故鄭於此兩解之也云祭山川之樂歌者以其時邁序云巡守告祭柴望也謂巡守祭當方山用則王制及尚書云望秩於山川是也云明昭有周者美武王有明明於周云式序在位者式用也任賢用能序之使在官位云我求懿德者懿美也我求取美德之人也云肆于時夏肆遂也夏大也能如此遂於王道之大云奏此以延賓其著宣王德勸賢與者今國君歌此詩延賓入者其欲著明諸侯宣布王之德以勸賢人使有德言與者鄭以義解之無正文故云與以疑之也云周禮曰賓出入奏肆夏者按大司樂云王出入則令奏王夏尸出入則令奏肆夏牲出入則令奏昭夏下云大饗不入牲其他皆如祭祀鄭注云大饗饗賓客也彼賓客謂諸侯來朝者也不入牲牲不入亦不奏昭夏也其他謂王出入賓客出入亦奏王夏肆夏以此言之王用肆夏以饗諸侯來朝今引之者證燕時納賓亦奏之按燕禮記云若以樂納賓則賓及庭奏肆夏鄭云卿大夫有王事之勞則奏此樂焉此亦同彼注也若臣無王事之勞則如常燕無以樂納賓法也又此納賓樂故諸侯亦得用若升歌則不可

若賓醉而出奏陔夏與此異也賓升自西階主人從之賓右北面至再拜賓荅再拜主人宰夫也又掌賓客之獻飲食君於臣雖爲賓不親獻以其莫敢亢禮主人降洗洗南西北面賓將從降鄉之不於洗北辟正主○疏主人至北面○注賓將至正主○釋曰自此至虛爵降論主人獻賓之事也云不於洗北辟正主者按鄉飲酒鄉射主人降洗洗北南面是正主此宰夫代君爲主故不於洗北南面也賓降階西東面主人辭降賓對對荅主人北面盥坐取觚洗賓少進辭洗主人坐奠觚于篚興對賓反位賓少進者所辭異宜違其位也獻不用爵辟正主主人卒洗賓揖升賓每先升尊也主人升賓拜洗主人賓右奠觚荅拜降盥賓降主人辭降賓對卒盥賓揖升主人升坐取觚取觚將就瓦甒酌膳執冪

者舉冪主人酌膳執冪者蓋冪酌者加勺又反之反之覆勺筵前獻賓賓西階上拜受爵于筵前反位主人賓右拜送爵賓既拜於筵前受爵退復位疏注賓既至復位○釋曰云賓既拜於筵前受爵者鄭恐讀者以拜下讀爲句宰胥薦脯醢宰胥宰官之吏也不使膳宰薦不主於飲酒變於燕疏注宰胥至於燕○釋曰云不使膳宰薦者不主飲酒變於燕者決燕禮使膳宰薦主於飲酒故也賓升筵庶子設折俎庶子司馬之屬掌正六牲之體者也鄉射記曰賓俎脊脅肩肺不使膳宰設俎爲射變於燕賓坐左執觚右祭脯醢奠爵于薦右興取肺坐絕祭嚌之興加于俎坐挩手執爵遂祭酒興席末坐啐酒降席坐奠爵拜告旨執爵興主人荅拜降席席西也旨美也樂闋闋止

也樂止者尊賓之禮盛於上也【疏】樂闋○注闋止至上也○釋曰此上經云賓爵拜告旨下經云賓卒爵則此經者是賓啐酒節即樂闋燕禮記亦云賓及庭奏肆夏賓拜酒主人荅拜而樂闋亦據啐酒時按郊特牲賓入大門而奏肆夏又曰卒爵而樂闋與此啐酒樂闋不同者彼注謂朝聘者故卒爵而樂闋此燕已臣子法故啐酒而樂闋也云尊賓之禮盛於上也者賓及庭奏肆夏乃至升堂飲酒乃樂止是尊賓之禮盛於堂上者也賓西階上北面坐卒爵興坐奠爵拜執爵興主人荅拜

儀禮疏卷第十六

大清嘉慶二十年重
用文選樓藏本校

長塘盧氏
宣旬校定

江西督糧道王賡言廣豐縣知縣阿應鱗栞

儀禮注疏卷十六挍勘記　阮元撰盧宣旬摘錄

大射第七毛本射下有儀字陳閩監葛俱無與此本合釋文唐石經徐本俱有儀字

射義於五禮浦鏜挍改義爲儀

大射之儀

發不失正鵠者要義同毛本發下有而字○挍射義有而字

其唯賢者乎毛本唯誤作維

鄭意不云陳本要義同毛本不作下

射人戒諸公卿大夫射

凡其戒命命閩監俱作令與疏合挍周禮原文亦作令

致齋三日若然毛本三誤作二

王自澤宮而還　毛本宮誤作官

前射三日

冢宰之屬　之通解作官

司馬命量人

掌量道巷塗數者　塗釋文作涂按涂塗古今字

止視遠近　陳閩監葛通解楊氏同徐本聶氏毛本止俱作正按周禮射人注云貍善搏者也行則止而擬焉其發必獲

大侯熊侯　大侯下通解有者字

皆以布以皮爲鵠　要義同毛本通解布下有爲之而三字

容謂之乏　要義同毛本容上有云字

則此貍步六尺明矣自此至以非之也五十一字要義祇少鄭云此故先故注彼亦也十字餘與毛本同陳閩通解俱作則此此貍步六尺明矣若先鄭注射人貍步謂一舉足爲步於今爲半步後鄭注引鄉射考工爲證者所以明步爲六尺而非三尺也

遂命量人巾車

有草鞔陳閩監本同毛本鞔作輓

并下云亦鳥名陳閩監本同毛本下作正○按當作并下云正亦鳥名

通躬身四尺毛本通解身作與舌二字

張法糝鵠鵠下畔通解同毛本重鵠字○按上鵠字當作侯

卽三分寸一也毛本寸一作一寸

樂人宿縣

沽洗　釋文徐本同毛本沽作姑

考神納賓者　納陳閩監本俱作內

大吕中吕已東　中要義作仲

謂諸侯之卿大夫士也　要義謂下俱有諸侯之卿大夫士也八字○按有此八字與周禮注合毛本無此八字

且是全之爲肆　要義同毛本且作亦通解且是作是亦

以言鏄形如鍾而復大　要義同毛本鏄作鐘

建鼓在阼階西

應之　徐本同毛本應上有應鼙二字通解楊敖俱有

西階之西

解先擊朔鼙之意 要義同毛本意作義

故先擊朔鼙應鼙應之也 要義同毛本鼙下無應鼙二字按此與上節注文互誤也

簜在建鼓之閒

今大予樂官有焉 予閩本要義俱作子周學健云大予漢樂官名或本作子者誤

小者謂之和 陳閩監本同毛本者作笙

鼗倚於頌磬西紘

而作護樂 要義同毛本護作濩

故至賓至搖之 通解毛本至作於

則以鼗將命 要義同毛本以鼗作鼗鼓

厥明□冪用錫若絺 陸氏曰絺劉作綌音郤盧文弨疑綌為絺綌誤詳釋文挍勘記

爲冪蓋卷辟綴於篠冪宋本釋文作鼏

此以下至東陳要義同毛本此以下作自此

說者以爲若井鹿盧者鹿盧之形要義同毛本盧下誤脫者鹿盧三字

即葬下棺碑閒重鹿盧之輩陳閩通解要義碑俱作碑毛本作椑陳閩通解輩俱作類要義毛本作輩○按當作碑

其形兩頭大而中央小此本要義俱無此九字通解有

豐者承尊之器豐字諸本皆同以下文考之當作曲然疏此說甚謬按說文有豐無曲豐豆之豐滿者也从豆象形鄭以爲諧聲者葢其字从二丰旣象豐滿之形復諧丰聲非別有曲字也賈以豐爲豐年曲爲承尊之器殊非鄭意至穀豆多有之說尤屬傅會古謂豆爲菽至六國後始言豆禮記投壺篇實小豆焉此七十子後學者所記也

是以豐年之字　毛本豐誤作豊

豊下著豆　毛本豊誤作豐

比常豆而下　要義同陳閩通解常俱作於毛本通解下俱作差短

亦謂之坫　要義坫俱从土下並同毛本坫作玷非也

面鄉也　也陳閩俱作尊

故皆尊鼻鄉君　鼻閩作畀

又尊于大侯之乏東北

鬯鬱又在五齊之上　要義同毛本通解鬯鬱作鬱鬯

羹定

烹肉熟也　烹釋文作亨

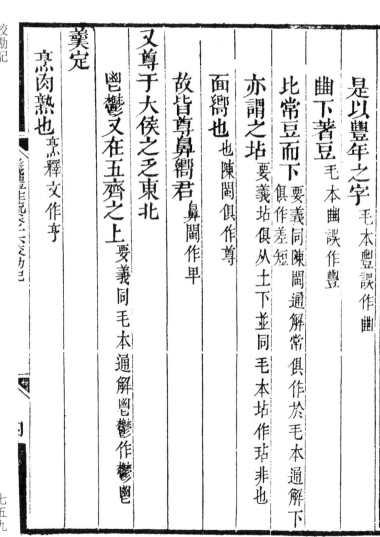

射人告具于公○大史在干侯之東北　毛本史作夫釋文唐石經徐本通解楊敖俱作史石經考文提要云釋文大史音泰足以證夫字之誤

大史在干侯東北　毛本史作夫徐本通解楊氏俱作史是也與此本標目合

公降立于阼階之東南

以其大夫與公卿面有異　陳閩通解同毛本面作而

擯者反命

論卿大夫定位　毛本定作庭

擯者納賓

自此盡賓荅再拜　毛本再拜作拜再

論主人迎賓拜至　別本迎誤作延按下注有延賓之語作延亦非無因

奏肆夏

執僨也　毛本僨作競○按作僨與周禮釋文合

武王有明明於周　監本作明昭

任賢用能　毛本任作用

故諸侯亦得用若　要義同毛本若作者○按若字屬下句毛本非也

若賓醉而出　毛本醉誤作奏

主人卒洗賓揖升　毛本揖下有乃字唐石經徐本通解敖氏俱無乃字

賓每先升尊也　徐本通解同毛本尊也作揖之

樂闋

奏肆夏乃至升堂飲酒　要義同毛本通解無乃字

儀禮注疏卷十六挍勘記終

奉新余成校校

儀禮疏卷第十七

唐朝散大夫行大學博士弘文館學士臣賈公彥等撰

賓以虛爵降既卒爵將酢也疏賓以虛爵降○釋曰自此盡西序東面論賓酢主人之事主人降賓洗南西北面坐奠觚少進辭降主人西階西東面少進對賓坐取觚奠于篚下盥洗篚下篚南主人辭洗賓坐奠觚于篚興對卒洗及階揖升主人升拜洗如賓禮賓降盥主人降賓辭降卒盥揖升酌膳執冪如初以酢主人于西階上主人北面拜受爵賓主人之左拜送爵賓南面授爵乃於左拜凡授爵鄉所受者疏注賓南至受者○釋曰知者以經云

主人北面明凡授爵鄉所受者鄉飲酒鄉射獻酬酢皆然故云凡謂南面授與所受者也主人坐祭不啐酒辟正主也未薦者臣也不拜酒主人之義燕禮曰不拜酒不告旨遂卒爵興坐奠爵拜執爵興賓荅拜主人不崇酒以虛爵降奠于篚不崇酒辟正主。也崇充也謂謝酒惡相充實賓降立于西階西東面既受獻矣不敢安盛疏賓降至東面○注既受至安盛○釋曰以堂上爲盛故降下下文於酬賓降筵西東南面立注云不立於序內位彌尊燕禮注云位彌尊禮彌卑是未酬已前禮盛者也擯者以命升賓賓升立于西序東面命公命也東西牆謂之序疏注命公至之序○釋曰知公命者命由尊者出故也云東西牆謂之序者爾雅釋宮文主人盥洗象觚升酌膳東北面獻于公象觚觚有象骨飾者也取象觚東面不言賓之變於燕疏主人至于公○注象觚至于燕○釋曰自此盡于篚論主人獻公之事云取象觚東面者鄉公爲敬故也云不言賓之變於燕者燕禮云賓之主於飲酒此云酌不云賓之主於射畧於飲酒故也公拜受爵乃奏肆夏言乃者其節異於賓疏公拜至肆夏○注言乃至於賓○釋曰言異者賓及庭奏此君受爵乃奏是其節異故也云乃者緩辭也主人降自西階阼階下北面拜送爵宰胥薦脯醢由左房庶子設折俎升自西階自由也左房東房也人君左右房鄉射記曰主人俎脊脅臂肺也疏注人君左右房○釋曰以人君左右房故云左房對大夫士東房而已故云東房不言左以無右所對故也公祭如賓禮庶子贊授肺不拜酒立卒爵坐奠爵拜執爵興凡異者君尊變於賓疏注凡異至於賓○釋曰言異者使庶子授肺不拜酒立卒爵之等皆異於賓也主人荅拜樂闋升受爵降奠于篚更爵洗升酌散以降酢于阼階下北面坐奠爵再拜稽首公荅拜

更易也易爵不敢襲至尊古文更爲受 疏 更爵至荅拜○注更易至爲受○釋曰自此盡于篚論主人受公酢之事 主人坐祭遂卒爵興坐奠爵再拜稽首公荅拜主人奠爵于篚主人盥洗升媵觚于賓酌散西階上坐奠爵拜賓西階上北面荅拜媵送也散方壺之酒也古文媵皆作騰 疏 主人至荅拜○注媵送至作騰○釋曰自此盡南面立論主人受賓爵之事 主人坐祭遂飲賓辭卒爵興坐奠爵拜執爵興賓荅拜辭者辭其代君行酒不立飲也此於正主酬也 疏 注辭者至酬也○釋曰上文公飲立卒爵此則坐飲故以公決之云比於正主酬也者謂於鄉飲酒鄉射是正主酬賓之節也 主人降洗賓降主人辭降賓辭洗卒洗賓揖升不拜洗不拜洗酬而禮殺也 主人酌膳賓西階上拜受爵于筵前

反位主人拜送爵賓升席坐祭酒遂奠于薦東遂者因坐而奠之不北面也奠之者酬不舉也疏主人至薦東。注遂者至舉也。釋曰云不北面也者此決鄉飲酒鄉射賓北面坐奠觶于薦東注皆云酬酒不舉引曲禮君子不盡人之歡不竭人之忠以全交也主人降復位賓降筵西東南面立賓不立於序內位彌尊疏注賓不至彌尊。釋曰案鄉飲酒注云位彌尊禮彌卑引雜記一張一弛此對酬時立于西序之時不降于下禮稍卑位稍尊此在席西東面位彌尊禮彌卑也小臣自阼階下請媵爵者公命長命之使選於長幼之中也鄉則尊士則卑疏小臣至命長。注命之至則卑。釋曰自此盡反位論將爲賓舉旅使二大夫媵爵之事云命之使選於長幼之中知不取鄉大夫之年長者以其下作大夫不取年長又知不取臣中位長者以其不取鄉故鄭云鄉則尊士則卑故不取之而取下大夫尊卑處中者小臣作下大夫二人媵爵作使媵爵者阼階下皆北面再拜稽首公荅拜再拜稽首拜君命媵爵者立于洗南西面北上序進盥洗角觶升自西階序進酌散交于楹北降適阼階下皆奠觶再拜稽首執觶興公荅拜序次第也猶代也先者既酌右還而反與後酌者交於西楹北相左俟於西階上乃降往來以右爲上古文曰降造阼階下媵爵者皆坐祭遂卒觶興坐奠觶再拜稽首執觶興公荅再拜媵爵者執觶待于洗南待待君命小臣請致者請君使一人與二人與不必君命若命皆致則序進奠觶于篚阼階下皆北面再拜稽首公荅拜媵爵者洗象觶升實之序進坐奠于薦南北上降適阼階下皆再拜稽首送觶公荅拜既酌而代進往來由

尊北交於東楹北亦相左【疏】注既酌至君舉○釋曰言亦奠於薦南不敢必君舉者亦前酬酌自飲時相左於西楹之北時後者南相東向先者北相西向向西階右旋北面待後至降也今此二人先者於尊西東面酌訖於東楹之北東向向公前奠之右旋于東楹之北北畔西過後者亦於尊西東面酌訖於東楹之北南過東向於公前奠之是亦交於楹北相左也云奠於薦南不敢必君舉者凡舉者於右不舉者於左今奠於薦左是不舉之處故云不敢必君舉也

媵爵者皆退反位 反門右北面位【疏】注反門右北面位○釋曰但大夫初與卿在門右北面得揖少進中庭北面今當反庭中位而立云門右北面位者大夫雖得揖少進仍是門右北面位少進而已故鄭還以門右北面言之

公坐取大夫所媵觶興以酬賓賓降西階下再拜稽首小臣正辭賓升成拜 公起酬賓於西階降尊以就卑也正長也小臣長辭變於燕升成拜復再拜稽首先時君辭之於禮若未成然【疏】公坐至成拜○注公起至成然○釋曰自此盡復位論爲賓舉旅下及大夫之事云小臣長辭變於燕者燕禮直使小臣辭亦是燕主歡

此射禮辨尊卑故使小臣長辭異於飲酒禮故云變於燕也公坐奠觶荅拜執觶興公卒觶賓下拜小臣正辭賓升再拜稽首不言成拜者爲拜故下賓未拜也下不輒拜禮殺也下亦降也發端言降拜因上事言下拜

疏公坐至稽首○注不言至下拜○釋曰自此已下皆云公荅拜不言再拜燕禮皆言公荅再拜不同者燕主歡不用尊卑故公拜皆再拜此射禮主辨尊卑故直云荅拜荅一拜此一拜者正禮也故周禮大祝辨九拜一曰稽首首至地臣拜君法二曰頓首頓首平敵相拜法三曰空首君荅臣下拜復不爲再拜即七曰奇拜是也云下亦降也者此非訓下爲降故以發端言降拜因上事言下拜直因降有上文即云下也經云公卒觶賓下拜者公尊不拜既爵賓降拜若爲君拜既爵也

公坐奠觶荅拜執觶興賓進受虛觶降奠于篚易觶興洗賓進以臣道就君受虛爵君不親酌凡爵不相襲者於尊者言更自敵以下言易更作新易有故之辭也不言公酬賓於西階上及公反位者尊君空其文也公有命則不易不洗反

升酌膳下拜小臣正辭賓升再拜稽首公荅拜不易君義也不洗臣禮也賓告于擯者請旅諸臣擯者告于公公許旅序也賓欲以次序勸諸臣酒賓以旅大夫于西階上擯者作大夫長升受旅作使也使之以長幼之次先孤卿後大夫賓大夫之右坐奠觶拜執觶興大夫荅拜賓在右相飲之位疏注賓在右相飲之位○釋曰賓位在左而在大夫之右者是相飲之位非賓主之位也賓坐祭立卒觶不拜酬而禮殺若膳觶也則降更觶洗升實散大夫拜受賓拜送遂就席言更觶尊卿尊卿則賓禮殺疏注言更至禮殺○釋曰上注云不相襲者於尊言更自敵以下言易此賓於卿是自敵以下當言易今言更者尊卿尊則卑賓禮殺也大夫辯受酬如受賓酬之禮不祭酒卒受者

以虛觶降奠于篚復位卒猶已也今文辯作徧疏大夫至復位○釋曰言復位者亦如上復門右北面位即中庭北面位也主人洗觚升實散獻卿于西階上酬賓而後獻卿飲酒禮成於酬疏主人至階上○注酬賓至於酬○釋曰自此盡無加席論獻公卿之事司宮兼卷重席設于賓左東上言兼卷則毋卿異席重席蒲筵緇布純席卿言東上統於君席自房來疏司宮至東上○注言兼至房來○釋曰上文設席之下注謂唯賓及公席布之也其餘樹之於位後耳者以至獻卿乃布之若然此云兼卷者不謂始卷之直是鋪設之時兼卷而設之也卿升拜受觚主人拜送觚卿辭重席司宮徹之徹猶去也重席雖非加猶為其重累辭之辟君乃薦脯醢卿升席庶子設折俎卿折俎未聞蓋用脊脅臑折肺卿有俎者射禮尊疏乃薦至折俎○注卿折至禮尊○釋曰云卿折俎未聞者以燕禮卿無俎故云未聞又云蓋用脊脅臑折肺者案鄉射記云賓俎脊脅肩肺主人俎脅。臂肺又獲者之俎。脊脅肺臑彼注云臑若膊胳觳之折以大夫之餘體以此言之則此賓俎亦用脊脅肩肺君俎亦脊脅臂肺前體有脊臂臑後體有膊胳觳尊卑以次用之故卿宜用臑若有公公用臑卿宜用膊也云卿有俎者射禮尊者對燕禮不辨尊卑故公卿等皆無俎也卿坐左執爵右祭脯醢奠爵于薦右興取肺坐絕祭不嚌肺興加于俎坐挩手取爵遂祭酒執爵興降席西階上北面坐卒爵興坐奠爵拜執爵興陳酒肴君之惠也不嚌啐事在射臣之意疏注陳酒至之意○釋曰案燕禮不在射亦不啐者彼爲臣有功君與之燕恩及於卿故卿不敢啐也卿有無俎者自然不嚌也主人荅拜受爵卿降復位復西面位不酢辟君辯獻卿主人以虛爵降奠于篚擯者升卿卿皆升就席若有諸公則先卿獻之如獻卿之禮席于阼階西北面東上無加席公孤也席之北面為大尊屈之也亦因阼階上近君近君則親寵苟敬私昵之坐小臣又請媵爵者二大夫媵爵如初請致者若命長致則媵爵者奠觶于篚命長致者使長者一人致也公或時未能舉自優暇【疏】小臣至于篚○注命長至優暇○釋曰自此盡奠于篚論舉旅之事一人待于洗南不致者長致者阼階下再拜稽首公答拜再拜稽首拜君命洗象觶升實之坐奠于薦南降與立于洗南者二人皆再拜稽首送觶公答拜奠於薦南先媵者上觶之處也二人皆拜如初共勸君飲之公又行一爵若賓若長唯公所賜一爵先媵者之下觶也若賓若長禮殺也長孤卿之尊者也於是言賜射禮明尊卑【疏】注於是言至尊卑○釋曰案燕禮為卿舉旅言若賓若長唯公所酬燕禮主於飲酒此言所賜是以

決之也以旅于西階上如初賜賓則以酬長賜長則以酬賓大夫長升受旅以辯大夫卒受者以虛觶降奠于篚主人洗觚升獻大夫于西階上大夫升拜受觚主人拜送觚大夫坐祭立卒爵不拜既爵主人受爵大夫降復位既盡也大夫卒爵不拜賤不備禮疏主人至復位○釋曰自此盡就席論獻大夫之事○注大夫至備禮○釋曰此注云大夫卒爵不拜賤不備禮燕禮注云禮殺者兩注相兼乃足對公卿拜既爵此不拜此獻卿後是禮殺亦是賤不備禮也胥薦主人于洗北西面脯醢無脀胥宰官之吏主人下大夫也先大夫薦之尊之也不薦于上辟正主脀俎實辯獻大夫遂薦之繼賓以西東上若有東面者則北上卒擯者升大夫大夫皆升就席辯獻乃薦畧賤也亦獻後布席也疏

辯獻至就席。注辯獻至席也。釋曰既言辯獻大夫遂薦之後乃云繼賓以西東上以下云云者上總言獻大夫辯乃一時薦之下文更明布席位次就席之儀故云辯獻乃薦畧賤也畧賤則是獻訖降階獻辯擯者乃揔升之就席就席訖乃薦之

乃席工于西階上少東小臣納工工六人四瑟工謂瞽矇善歌諷誦詩者也六人大師少師各一人上工四人四瑟者禮大樂衆也

疏乃席至四瑟。注工謂至衆也。釋曰自此盡西面北上坐論作樂及獻工之事云六人者大師少師各一人上工四人皆據文而言也云禮大樂衆也者對燕禮工四人而言也

僕人正徒相大師僕人師相少師僕人士相上工徒空手也僕人正僕人之長師其佐也士其吏也天子視瞭相工諸侯兼官是以僕人掌之大師少師工之長也凡國之瞽矇正焉杜蒯曰曠也大師也於是分別工及相者射禮明貴賤

疏僕人正至上工。注徒空至貴賤。釋曰云僕人正僕人之長師其佐也者以正爲長師爲衆故僕人正爲長僕人師爲佐也云士其吏也者以其在僕人之下故知僕人之吏吏則府史之類云天子視瞭相工者見於眡瞭職文云大師

少師工之長也者，周禮春官大師下大夫二人，小師上士四人。鄭注云：凡樂之歌，必使瞽矇爲焉，命其賢知者以爲大師、小師，是樂工之長也。云杜蒯曰曠也，大師也者，禮記檀弓文。引之者，證大師爲樂工之長也。云於是分別工及相者，射禮明貴賤者，對燕禮主歡，不明貴賤，故不分別工貴及相賤。（一字空）

相者皆左何瑟，後首，內弦，挎越，右手相。謂相上工者。後首，主於射，略於此樂。內弦挎越，以右手相工，由便也。越，瑟下孔，所以發越其聲者也。古文後首爲後手。

後者徒相入。謂相大師、少師者也。上列官之尊卑，此言先後之位，亦所以明貴賤。凡相者以工出入。

疏 ○後者徒相入。○注謂相至出入。○釋曰：上列官之尊卑，此陳先後之位，亦是以明貴賤者。上列官之尊卑，謂先言僕人正與大師，後言僕人士與上工，是列官尊卑也。此陳先後，則上工與瑟在前，大師、少師在後，是先後之位。既據入時行位，亦據升堂坐之先後，亦依此也。云凡相者以工出入者，欲見入時如此，出時亦然。

小樂正從之。從大師也。後升者，變於燕也。小樂正，於天子樂師也。

疏 小樂正從之。○注從大至師也。○釋曰：云從大師也，後升者，變於燕也者，燕禮樂正先升，又不使小樂正者，彼主於樂，此則畧於樂

儀疏十七○大射　八

故也升自西階北面東上工六人坐授瑟乃降相者也降立于西縣之北疏坐授瑟乃降。注相者至之北。釋曰鄉飲酒注云降立于西方近其事以取近其事故在西縣之北也小樂正立于西階東不統於工明工雖衆位猶在此疏小樂至階東。注不統至在此。釋曰云不統於工明工雖衆位猶在此者決燕禮工四人樂正升立于工之西在西階東不統於工此雖六人衆於彼猶統于階而云西階東不變若使小樂正通之於工恐工位移近西故猶統于階也乃歌鹿鳴三終鹿鳴小雅篇也人君與臣下及四方之賓燕講道脩政之樂歌也言已有旨酒以召嘉賓與之飲者樂嘉賓之來示我以善道又樂嘉賓有孔昭之明德可則傚也歌鹿鳴三終而不歌四牡皇皇者華主於講道畧於勞苦與諮事疏乃歌鹿鳴三終。注鹿鳴至諮事。釋曰云主於講道畧於勞苦者據四牡勞使臣此不用之云與諮事者謂皇皇者華有諮謀諮度諮詢之事亦畧之也主人洗升實爵獻工工不興左瑟工歌而獻之以事報之也洗爵獻工辟正主也獻不用觚工賤異之也工不興不能備禮左瑟便其右大師無瑟於是言左瑟者節也 疏 主人至左瑟○注工歌至節也○釋曰云洗爵獻工辟正主也者案鄉飲酒鄉射云大師則爲之洗謂君賜之樂者其餘工不爲之洗是正主法今此工六人皆爲之洗故云辟正主人必知同洗者以其更無別獻之文故知同洗也云獻不用觚工賤異之也者燕禮大射獻賓獻卿大夫皆用觚而獻工用爵故云異之鄉飲酒鄉射獻同用爵者變於君故也云大師無瑟於是言左瑟者節也者上言獻工下云一人拜受爵則六人皆在工內而云工不與左瑟於是明大師亦入左瑟中故須云大師無瑟於是言左瑟者以其六人摠當獻酒之節故摠入左瑟文不謂有瑟也

一人拜受爵 謂大師也言一人者工賤同之也工拜於席 疏 一人拜受爵○注謂大至於席○釋曰云謂大師也言一人者工賤同之也者鄉飲酒鄉射云大師則爲之洗則知此一人謂大師不言大師對君工賤不異其文故同之而云一人也

主人西階上拜送爵薦脯醢 輒薦之變於大夫 疏 主人至脯醢○注輒薦之變於大夫○釋曰案上文云辯獻大夫遂薦之此工得獻不待辯輒薦之故云變於大夫也

使人相祭 使人相者相其祭薦祭酒 疏 使人相祭

○注使人至祭酒○釋曰知祭薦祭酒者此文承一人受爵薦脯醢之下明二者皆祭也若下文衆工直祭酒不祭脯醢也

卒爵不拜主人受虛爵衆工不拜受爵坐祭遂卒爵辯有脯醢不祭

相者相其祭酒而已

主人受爵降奠于篚復位大師及少師上工皆降立于鼓北羣工陪于後

鼓北西縣之北也言鼓北者與鼓齊面餘長在後也羣工陪于後三人爲列也於是時小樂正亦降立於其南北面工立僕人立於其側坐則在後考工記曰鼓人爲皐陶長六尺有六寸

疏

大師至于後○注鼓北至六寸○釋曰知鼓北是西縣之北者以其下文大師少師始遷向東明此降者降在西縣之北可知云言鼓北者與鼓齊面餘長在後也者案前列樂縣之時鼓在鎛南今不言在鍾磬之北遥據鼓而言之者欲取形大又面向東工亦面向東故遥取鼓面也言餘長在後者欲見鼓長六尺六寸工面與鼓面齊鼓有餘長在人後矣言此者工與鼓前面齊後面不齊之意也云羣工陪于後三人爲列也者大師少師二人上工四人今若立時三人爲列大師

後有工二人少師後後亦有工二人故云三人爲列也云於是時小樂正亦降立於其南北面者亦約遷樂於東方工西面樂正北面言亦者亦東方也云工立僕人立于其側坐則在後者亦約遷樂東方時面位得知也云考工記曰鼓人爲皋陶長六尺有六寸者彼云韗人爲皋陶先鄭云韗書或爲鞠玄謂鞠者以皋陶名官鞠即陶字從革今云鼓人者誤當作鞠人鞠人掌鼓後人誤言鼓鼓人自在地官掌教六鼓矣云爲皋陶者鼓木之名其穹隆二十板謂鼓木長六尺六寸賈侍中彼解爲晉鼓引之者證鼓東西長工齊前面於後有餘之義也

乃管新宮三終管謂吹簜以播新宮之樂其篇亡其義未聞笙從工而入既管不獻畧下樂也立于東縣之中

疏乃管新宮三終○注管謂至之中○釋曰云管謂吹簜者此云管上云簜故鄭合爲一事解之云其篇亡其義未聞者以其堂下詩故與由庚之等同亡但上由庚由儀之等有序無詩同云有其義而亡其辭此則辭義皆亡故云其義未聞云笙從工而入者案燕禮云笙入立于縣中有笙入之文此上下不見笙入之文故知笙從工而入也上云簜解爲竹謂笙簫之屬竹即管也今此經云管已解簜爲管復云笙從工而入者燕禮記云下管新宮笙入三成則吹管者亦吹笙故兼言笙欲見笙管相將也云

立于東縣之中者燕禮笙入立于縣中則於此縣而言此辟射位故知立于東縣之中也**卒管大師及少師上工皆東坫之東南西面北上坐**不言縣北統於堂也於是時大樂正還北面立于其南【疏】卒管至上坐○注不言至其南○釋曰工人前不即遷于東者爲管笙所作不以無事亂有事故待卒管大師乃東坫西面北上坐不言去堂遠近當如鄉射遷工阼階下之東南堂前三笴西面北上云不言縣北統于堂也者上云鼓北不統於堂者彼權立非正位故也**擯者自阼階下請立司正**三爵既備上下樂作君將留羣臣而射宜更立司正以監之察儀法也【疏】擯者至司正○注三爵至法也○釋曰自此盡北面立論將射立司正察儀安賓之事**公許擯者遂爲司正**君許其請因命用之不易之者俱相禮其事同也**司正適洗洗角觶南面坐奠于中庭**奠觶者著其位以顯其事威儀多也【疏】注奠觶至多也○釋曰燕禮及此射禮司正不以觶升而奠之於地比鄉飲酒及鄉射爲顯其威儀多自此已後還與二鄉同也**升**

東楹之東受命于公西階上北面命賓諸公卿大夫公曰以我安賓諸公卿大夫皆對曰諸敢不安（以我安者君意殷勤欲留之以我故安也）司正降自西階南面坐取觶升酌散降南面坐奠觶（奠於中庭故處）興右還北面少立坐取觶興坐不祭卒觶奠之興再拜稽首左還南面坐取觶洗南面反奠于其所北面立（皆所以自昭明於衆也將於觶南北面則右還於觶北南面則左還如是得從觶西往來也必從觶西往來者爲君在阼不背之也）司射適次袒決遂執弓挾乘矢於弓外見鏃於弣右巨指鉤弦（司射射人也次若今時更衣處張幃席爲之耦次在洗東南袒左免衣也決猶闓也以象骨爲之著右巨指所以鉤弦而闓之遂射韝也以朱韋爲之著

左臂所。以遂弦也方持弦矢曰挾乘矢四矢附弓把也見鏃焉順其射也右巨指右手大擘以鉤弦弦在旁挾由便也古文挾皆作接

疏 司射至鉤絃○注司射至作接○釋曰自此至于次論射事將至誓射者及比三耦之事云司射射人也者案燕禮射人告具注云射人主此禮以其或射又云射人納賓又云射人請立司正公許射人遂爲司正則射人司正一人也又云乃薦司正與射人一人注天子射人司士皆下大夫二人諸侯則上士其人數亦如之又曰若射則大射正爲司射注大射正射人之長此篇云射人告具又曰大射正擯自此以後皆止云擯擯者自阼階下請立司正公許遂爲司正則此篇司正與大射正爲一人也下云公就物小射正奉決拾以笥大射正執弓注云大射正。舍司正親其職乃薦司正注云司正大射正是也云耦次在洗東南者此無正文案鄉射記云設楅橫奉之南面坐奠之南北當洗此下云三耦出次西行拾取矢又當北行向楅則次在洗東南矣云方持弦矢曰挾者以矢橫爲方鄉射記云凡挾矢於二指閒橫之是也

自阼階前曰爲政請射 爲政謂司馬也司馬政官主射禮

疏 自阼至請射○注爲政至射禮○釋曰云爲政謂司馬也者案大宰云四曰夏官其屬六十掌邦政是爲政謂

司馬也云司馬政官主射禮者其屬有射人主射事故司馬政官主射禮也

遂告曰大夫與大夫士御於大夫 因告選三耦於君御猶侍也大夫與大夫爲耦不足則士侍於大夫與爲耦也今文於爲于 疏 遂告至大夫○注因告至爲于○釋曰云不足則士侍於大夫與爲耦也者是以曲禮云君使士射注謂以備耦是也

遂適西階前東面右顧命有司納射器 納內也 疏 遂適至射器○釋曰命謂司射命之也言有司則前文司士戒士射與贊者注云謂士佐執事不射者是也鄉射西階前西面命弟子納射器此言東面者君在阼宜向之故東面右顧者以其有司是士士在西階南東面是以右顧向之

射器皆入君之弓矢適東堂賓之弓矢與中籌豐皆止于西堂下衆弓矢不挾總衆弓矢楅皆適次而俟 中閒中筭器也籌筭也豐可奠射爵者衆弓矢三耦及卿大夫以下弓矢也司射。矢亦止西堂下衆弓矢不挾則納公與賓弓矢者挾之楅承矢器今文俟作待 疏射器至而俟○注中閒至作待○釋曰云中閒中筭器也者鄉射記云於郊則閒中據此大射故知閒中中所以盛筭故云筭器也云司射矢亦止西堂下者下文云司射卒誘射遂適堂西改取一个挾之是也若然司射有矢無弓在堂西有弓者誤或則據司射將獻釋獲者適阼階西去朴適堂西釋弓脫決拾是時弓在西堂下也　工人士與梓人升自北階兩楹之閒疏數容弓若丹若墨度尺而午射正涖之○工人士梓人皆司空之屬能正方圜者一從一横曰午謂畫物也射正司射之長

疏工人至涖之○注工人至之長○釋曰知工人士與梓人皆司空之屬能正方圜者冬官雖亡不知官屬之號見今考工記有三十官有梓人之官此工人士又與梓人同事故知冬官未亡時屬司空也云能正方圜者以工巧之能知也繢人職云火以圜土以黃其象方梓人職張五采之侯之類是知方圜也云一從一横曰午謂畫物也者則上文横與距隨是也但未知從者横者若爲用丹若爲用墨或科用其一云午十字謂之先以左足履物右足隨而並立也云度尺者即鄉射記從如笴三尺横如武尺二寸是也　卒畫自北階下

司宮埽所畫物自北階下埽物重射事也工人士梓人司宮位在北堂下疏
卒畫至階下。注埽物至堂下。釋曰知工人梓人司宮位
在北堂下者雖無正文南方不見有位其人升降自北階明位
在北堂下大史俟于所設中之西東面以聽政中未設也大史
俟焉將有事也鄉射禮曰設疏大史至聽政。注中未至鄉射者
中南當楅西當西序東面東面。釋曰注引鄉射者
欲見大史位之所在在此也司射西面誓之曰公射大侯大夫
射參士射干射者非其侯中之不獲卑者與
尊者爲耦不異侯大史許諾誓猶告也古文異作辭疏司射
至許諾。注誓猶至作辭。釋曰卑者。尊者射。不異侯言此
者以其誓云君射大侯大夫射參侯士射干侯恐與尊爲耦
亦各射己侯故覆言此賓與君爲耦同射大侯士與大夫爲
耦同射參侯以其旣與尊者爲耦不可使之別侯別侯者則
非耦類故也遂比三耦比選次之也不言面者大夫在門右北面士西方東面疏遂比三耦

○注比選至東面○釋曰云不言面者以下云面故決之云大夫在門右北面士西方東面者仍依朝位以其設朝之班位以來其位未改明知司射命誓及比次須還依舊位司射面皆向之而比次也若耦及侯數天子大射賓射六耦三侯畿內諸侯則二侯四耦畿外諸侯大射賓射皆三侯三耦但諸侯畿外畿內各有一申一屈故畿外三侯遠尊得申與天子同三耦則屈畿內二侯近尊則屈四耦則申若燕射則天子諸侯例同三耦一侯而已以其燕私屈也若卿大夫士例同一侯三耦畧言之數備禮記射義也

三耦俟于次北西面北上未知其耦今文俟為立

疏三耦至北上○注未知至為立○釋曰云未知其耦者下經始命之故云未知其耦若然此經已言面位者三耦雖未知與誰為耦要知為三耦故立於此

司射命上射曰某御於子命下射曰子與某子射卒遂命三耦取弓矢于次取弓矢不拾者次中隱蔽處

疏司射至于次○注取弓至蔽處○釋曰云取弓矢不拾者次中隱蔽處若對鄉射堂西顯露之處拾取矢也

司射入于次搢三挾一

个出于次西面揖當階北面揖及階揖升堂揖當物北面揖及物揖由下物少退誘射搢扱也挾一个挾於弦也个猶枚也由下物而少退謙也誘猶教也夫子循循然善誘人疏司射至誘射〇注搢扱至誘人〇釋曰自此至東面論司射誘射之事此射人誘射與鄉射同但鄉射往階西取弓矢此則入次取弓矢爲異然此云入次搢三挾一个則已前皆挾乘矢不改鄉射亦然引論語者彼夫子教弟子學問事司射教人射事雖不同同是教法故引爲證也射三侯將乘矢始射干又射參大侯再發將行也行四矢象有事於四方詩云四矢反兮以御亂兮卒射北面揖揖於當物之處不南面者爲不背卿疏注不南至背卿〇釋曰案鄉射誘射射卒南面揖者彼尊東或公或卿大夫位同不別故司射不特尊之此大射辨尊卑尊東唯有天子命卿其餘小卿及大夫皆賓西故特尊之不背之也及階揖降如升射之儀遂適堂西改取一个挾之改更也不射而

挾矢示有事也遂取扑搢之以立于所設中之西南東面扑所以撻犯教者也於是言立著其位也鄉射記曰司射之弓矢與扑倚于西階之西疏注扑所至之西○釋曰云於是言立著其位者案鄉射司射先立所設中之西南三耦從之立於西南司射卻就之搢三挾一个乃誘射此則誘射卒乃始來就位者由此有次就次取弓矢射訖無事乃於此立故云於是言立著其位也引鄉射記者此不言司射倚弓矢之處引之證此與彼記文同也司馬師命負侯者執旌以負侯司馬師正之佐也欲令射者見侯與旌深志於侯中也負侯侯獲者也天子服不氏下士一人徒四人掌以旌居乏待獲析羽爲旌疏司馬至負侯○注司馬至爲旌○釋曰自此盡而俟論司馬師命服不負侯之事也引天子服不氏下士一人徒四人者欲見諸侯亦三侯亦使服不氏與徒爲獲者也云析羽爲旌周禮司常文負侯者皆適侯執旌負侯而俟司射適次作上耦射作使也司射反位疏司射反位○釋曰此不言先反位者爲三耦始出次未有

次前位無所先故不言先也上耦出次西面揖進上射在左並行當階北面揖及階揖上射先升三等下射從之中等上射在左便射位也中猶間也疏注上射至間也○釋曰云上射在左便射位也者鄉射亦云上射在左不云便射位者彼東面位上射在北故在左不取便射位之義此次北西面位亦上射在北居右故上射須在左以其發位並行及升北面就物位皆言居左履物南面上射乃在右故云上射在左便射位也上射升堂少左下射升上射揖並行並併也併東行皆當其物北面揖及物揖皆左足履物還視侯中合足而俟視侯中各視其侯之中大夫耦則視參中參中十四尺士耦則視干中干中十尺疏注視侯至十尺○釋曰弓二寸以為侯中參侯七十弓故侯中十四尺干侯五十弓故侯中十尺司馬正適次袒決遂執弓右挾之出升自西階適下物

立于物間左執弣右執簫南揚弓命去侯司馬正政官之屬簫弓末揚弓者執下末揚猶舉也適下物由上射後東過也命去侯者將射當獲也鄉射禮曰西南面立于物間

疏司馬至去侯○注司馬至物間○釋曰云司馬正政官之屬者非大司馬大司馬之下屬大司馬故云司馬屬案天子有大司馬卿一人小司馬中大夫二人此雖諸侯禮亦應有小司馬號爲司馬正也知適下物由上射後東過也者案鄉射司馬命去侯時由上射後過至下射西西南面揚弓命去侯故引鄉射證此亦在物間西南面也

負侯皆許諾以宮趨直西及乏南又諾以商至乏聲止宮爲君商爲臣其聲和相生也鄉射禮曰獲者執旌許諾古文聲爲磬

疏負侯至聲止○注宮爲至爲磬○釋曰云宮爲君商爲臣樂記文云聲和相生者宮生徵徵生商而云相生者雖隔徵亦是相生之義也云聲和者宮數八十一商數七十二彈宮則商應故云聲和也引鄉射者彼臣禮下云諸聲不絕不言宮商引之證與此不同之意

授獲者退立于西方獲者興共而俟大侯服不氏負

侯徒一人居乏相代而還參侯下侯徒負侯居乏不相代鄉射禮曰獲者執旌許諾聲不絶以至于乏坐東面偃旌興而俟古文獲皆作護非也【疏】授獲至而俟○注大侯至非也○釋曰云大侯服不氏負侯徒一人居乏相代而獲者上注引周禮服不氏下士一人徒四人是以鄭分之於三侯之上大侯尊故使服不氏與一徒居乏自餘徒三人分之於二侯徒以少一人不得相代也引鄉射者此文不具宜與彼同

司馬正出于下射之南還其後降自西階遂適次釋弓說決拾襲反位拾遂也鄉射禮曰司馬反位立于司射之南【疏】司馬至反位○注拾遂至之南○釋曰引鄉射者於此司馬不言位宜與鄉射同故引爲證

司射進與司馬正交于階前相左由堂下西階之東北面視上射命曰毋射獲毋獵獲上射揖司射退反位射獲矢中乏也從旁爲獵

乃射上射既發挾矢而后下射射拾發以

將乘矢拾更也將行也獲者坐而獲坐言獲也舉旌以宮偃旌以商耕言獲也獲而未釋獲但言獲未釋算古文釋爲舍疏獲而未釋獲。注但言至爲舍。釋曰云但言獲爲釋算者鄭注鄉射云但大言獲此注不言大省文也卒射右挾之北面揖揖如升射右挾之右手挾弦上射降三等下射少右從之中等並行上射于左與升射者相左交于階前相揖適次釋弓說決拾襲反位上射於左由下射階上少右乃降待之言襲者凡射皆袒疏上射至反位○注上射至皆袒○釋曰云上射降三等者謂使階有七等言三等者欲明下射中等是降一等之上下下射適向西畔由右故上射至地待之乃得二人並行上射於左也云與升射者相左交于階前者降射者仍南行故得階前交往來也云上射於左由下射階上少右乃降待之者此鄭解在階下而上射得在左之意由下射階上少右向西畔乃降上射於地待之故並行時得上射在左也云凡射皆袒者案鄉射命三耦各與其耦讓取弓矢拾三耦取弓遂至卒射云㲺決拾襲而俟于堂西南面此則前遂命三耦取弓矢于次不言袒至此亦言襲故須言凡射皆袒決在此不見袒亦袒可知也

三耦卒射亦如之司射去扑倚于階西適阼階下北面告于公曰三耦卒射反搢扑反位

疏三耦至反位○釋曰云司射去扑倚于西階西適阼階下北面告于公者案鄉射司射去扑倚于西階之西升堂北面告于賓曰三耦卒射注云去扑乃升不敢佩刑器即尊者之側此不升堂而在阼階下而亦去扑者尊公故也

司馬正袒決遂執弓右挾之出與司射交于階前相左出出於次也袒時亦適次

疏司馬至相左○注出出至適次○釋曰自此至與反位論取矢設楅。云出出于次也袒時亦適次者以此而言則袒時入次今更出次知不在位上袒而入次取弓者凡袒襲皆。隱處鄉射無次司馬適堂西袒執弓矢不在位此大射有次明入次袒不在位可知

升自西階自右物之後立

于物間西南面揖弓命取矢揖推之負侯許諾如初去侯皆執旌以負其侯而俟俟小臣取矢以旌指教之司馬正降自西階北面命設楅此出于下射之南還其後而降之疏注此出至降之○釋曰此出于下射之南還其後而降之者鄉射文此亦然故引爲證也小臣師設楅司馬正東面以弓爲畢畢所以教助執事者鄉射記曰乃設楅于中庭南當洗東肆疏小臣至爲畢○注畢所至東肆○釋曰云畢所以教助執事者以畢是助載鼎實之物故司馬執弓爲畢以指授若周禮執殳以爲鞭度然引鄉射禮文者證經設楅故亦當洗既設楅司馬正適次釋弓說決拾襲反位小臣坐委矢于楅北括司馬師坐乘之乘四四數之卒若矢不備則司馬正又袒執弓升命取矢如初曰取矢不索

乃復求矢加于楅卒司馬正進坐左右撫之興反位左右撫分上下射此坐皆北面司射適西階西倚扑升自西階東面請射于公倚朴者將即君前不敢佩刑器也升堂者欲諸公卿大夫辯聞也

疏司射至于公○注倚扑至聞之○釋曰自此盡未降請君行第二番射并命耦之事云倚扑者將即君前不敢佩刑器也者上以去扑告君不注至此乃注者彼告在阼階下遠君故不注至此升堂乃注義與彼同也上不升者以告以三耦射射卒事緩故在下此告欲諸公卿大夫徧聞也故升但升者是其正故鄉射升堂大射告公故前在堂下此升者欲公卿聞之故也

公許遂適西階上命賓御于公諸公卿則以耦告于上大夫則降即位而后告告諸公卿於堂上尊之也司射自西階上北面告于大夫曰請降司射先降搢扑反位大夫從之降適次

立于三耦之南西面北上適次由次前而北西面立【疏】司射至北上○注適次至面立○釋曰云告于大夫曰請降者以諸公卿在上故請大夫降鄉射降告主人與賓爲耦遂告于大夫又曰賓主人與大夫皆未降注云言未降者見其志在射大夫未降者彼臣禮主人與賓皆卑故大夫未降與此異也云適次由次前而北西面立者上云司射等適次謂入次中此適次者大夫降自西階東行適次所適向堂東西面立因過次爲適次非入次也司射東面于大夫之西比。耦大夫與大夫命上射曰某御於子命下射曰子與某子射卒遂比衆耦衆耦士也衆耦立于大夫之南西面北上若有士與大夫爲耦則以大夫之耦爲上爲上居羣士之上【疏】司射至爲上○注爲上至之上○釋曰云爲上居羣士之上者若是士與大夫之尊者爲耦故居羣士之上也鄭云羣士之上者旣爲上射恐在大夫之上故云羣士之上是以下注云士雖爲上射其辭猶

尊大夫也若然國皆有三卿五大夫三耦六人而已而云使士爲耦者鄉大夫或有故或出使容其不足使士備耦之法也

命大夫之耦曰子與某子射告於大夫曰某御於子士雖爲上射其辭猶尊大夫

命衆耦如命三耦之辭

諸公卿皆未降言未降者見其志在射疏注言未至在射○釋曰言未者後當降故云未也若終六射不得言未是以鄉射記云衆賓不與射者不降注不以無事亂有事是不射不得云未也

遂命三耦各與其耦拾取矢皆袒決遂執弓右挾之此命入次之事也司射既命而反位不言之者上射出當作取矢事未訖疏遂命至挾之○注此命至未訖○釋曰自此盡襲反位論命拾取矢之事鄭知此是命入次之事者上來未有三耦入次袒決遂之事又下文乃云一耦出明此是命入次之事若然司射命訖當反位不言者以其三耦入次出乃當作取矢待作取矢即是事未訖故不言反位也仍未知令入次之後未出之閒且在西方位且在階下位二者雖無文以事緩急言之三耦入次出則作

之宜在階下位於義可也又鄉射云司射反位者司射反位則有三耦位得言反位此曰射位在西方去次遠又曰射位若階下去次亦遠不得言反故不言也一耦出西面揖當福北面揖及福揖三耦同入次其出也一一上射出西面立司射作之乃揖行也當福福正南之東西上射東面下射西面上射揖進坐橫弓卻手自弓下取一个兼諸弣興順羽且左還毋周反面揖橫弓者南踣弓也卻手自弓下取矢者以左手在弓表右手從裏取之便也兼并也并矢於弣當順羽既又當執弦順羽者手放而下備不整理也左還反其位毋周右還而反東面也君在阼還周則下射將背之古文且爲阻

疏上射至面揖○注橫弓至爲阻○釋曰云左還反其位毋周右還而反東面也者毋周者左還行至位即位右還而反東面是還不周也云君在阼還周則下射將背之者上射左還已還背君而據下射而言者上射去君遠故據下射而言以其下射若右還周爲背君若左還向東覆即右還西面是不背君周即背故也下射進坐橫弓

覆手自弓上取一个兼諸弣興順羽且左還毋周反面揖横弓亦南踣弓也人東西鄉以南北爲横覆手自弓上取矢以左手在弓裏右手從表取之便也

疏下射至面揖○注横弓至便也○釋曰云横弓亦南踣弓也者謂南踣弓以左手仰執弓裏以覆右手於弓表向下取矢亦便也上射下射俱南踣弓者取背君向南爲順故也

既拾取矢梱之梱齊等之也古文梱作魁兼挾乘矢皆内還南面揖内還者上射左下射右不皆右還亦以君在阼嫌下射故左還而背之也上以陽爲内下以陰爲内因其宜可也

疏兼挾至面揖○注内還至可也○釋曰云不皆右還亦以君在阼嫌下射故左還而背之者若上下俱向内是相向爲順若上射左還是不故背君若下射右還背君少亦左還初時面向君轉身南向背君多似故背君故不左還也云上以陽爲内下以陰爲内因其宜可也者上射東面左還時以左手還取東相陽方爲内下射西面右還時以右手還取西相陰方爲内隨其陰陽得左右相向是因其宜也

適楅南皆左還北面揖搢三挾一

个楅南鄉當楅之位也揖以耦左還上射於左以猶與也言以者耦之事成於此意相人耦也上射轉居左便其反位也上射少北乃東面【疏】揖以至於左○注以猶至東面○釋曰云言以者耦之事成於此意相人耦也者揖不須言以今云以者必有義意故鄭云言以者耦之事成於此謂成於此拾取矢以其取矢後一番了更無事故云成於此人意相存耦也云上射轉居左便其反位也者位在次北西面是以上射居左至次北右還西面便也云上射少北乃東面知不少南者以其次在楅東南北面揖時已在次西面故知上射少北乃東面得東當次也退者與進者相左相揖退釋弓矢于次說決拾襲反位二耦拾取矢亦如之後者遂取誘射之矢兼乘矢而取之以授有司于次中皆襲反位有司納射器因蒞主授受之司射作射如初一耦揖升如初司馬命去侯負侯許諾如初司馬

降釋弓反位司射猶挾一个去扑與司馬交于階前適阼階下北面請釋獲于公猶守故之辭於此言之者司射既誘射恒執弓挾矢以掌射事備尚未知當教之也今三耦卒射衆足以知之矣猶挾之者君子不必也公許反搢扑遂命釋獲者設中以弓爲畢北面北面立于所設中之南當視之也鄉射禮曰設中南當楅西當西序大史釋獲小臣師執中先首坐設之東面退大史實八筭于中橫委其餘于中西興共而俟先猶前也命大史而小臣師設之國君官多也小臣師退反東堂下位鄉射禮曰橫委其餘于中西南末

【疏】大史至面俟○注先猶至南末○釋曰此不見執筭之人案鄉射命釋獲者釋獲者執鹿中一人執筭以從之彼臣禮官少釋獲者自執中設之尚使人執筭況國君官臣多大史不自執中豈得自執筭明亦使人執之云小臣師退反東堂下位者其位已見篇首也引鄉射者證筭以南末

為順也

司射西面命曰中離維綱揚觸梱復公則釋獲衆則不與離猶過也獵也侯有上下綱其邪制躬舌之角者為維或曰維當為絹絹。綱耳揚觸者謂矢中他物揚而觸侯也梱復謂矢至侯不著而還復復反也公則釋獲優君也正當中鵠而著古文梱作魁

疏司射至不與○注離猶至作魁○釋曰中謂中侯注不言可知云離猶過也獵也者謂矢過獵因著維與綱二者云侯有上下綱其邪制躬舌之角者為維者案梓人云上綱與下綱出舌尋縜寸焉注綱所以繫侯於植者也上下皆出舌一尋者亦人張手之節也鄭司農云縜籠綱者維持侯者若然則綱與維皆用繩為之又以布為縜籠綱然後以上个下个邊綴著縜兩頭以綱繫著植維者於上个下个上下躬兩頭皆有角又以小繩綴角繫著植故矢或離綱或離維也云或曰維當為絹絹綱耳者鄭更為一解絹則維也云絹綱耳者以絹為綱耳離著絹也云衆當中鵠者大射鵠則梓人云張皮侯而棲鵠是也

唯公所中中三侯皆獲值中一侯則釋獲

疏唯公至皆獲○注值中至釋獲○釋曰云中三侯皆釋獲則離維綱及揚觸梱復亦釋之不言者以巾為主也

釋

獲者命小史小史命獲者傳告服不使知此司射所命疏注傳告服不○釋曰據在大侯而言告服不則參侯干侯告可知舉遠見近司射遂進由堂下北面視上射命曰不貫不釋上射揖司射退反位貫猶中也射不中鵠不釋筭古文貫作關疏司射至反位○注貫猶作關○釋曰案上文離維綱公則釋獲言之則此云不中不釋筭者據除君而言也釋獲者坐取中之八筭改實八筭興執而俟執所取筭乃射若中則釋獲者每一个釋一筭上射於右下射於左若有餘筭則反委之委餘筭禮貴異又取中之八筭改實八筭于中興執而俟

儀禮疏卷第十七

奉新余成教校

南昌府學堂

大清嘉慶二十年重刊宋本

江西督糧道王賡言廣豐縣知縣阿應鱗栞

儀禮注疏卷十七挍勘記　阮元撰盧宣旬摘錄

主人辭洗○以酢主人于西階上　酢釋文作醋云本亦作酢

遂卒爵興

辟正主也　徐本同毛本主作君

小臣自阼階下

使二大夫媵爵之事　要義同毛本大夫作人

以其下作大夫　要義同毛本下作作作下

若命皆致

亦於鐏西東面酌訖　鐏閩本通解俱作鐏

媵爵者皆退反位　者皆石經補缺誤作爵者

仍是門右北面位　通解同毛本仍作乃按仍字是也

公坐○賓升成拜　按顧炎武張爾岐俱云拜唐石經誤作敗然石經實作拜

公坐奠觶

一不輒拜禮也　毛本輒作就徐本通解俱作輒禮下徐本通解俱有殺字

復不爲再拜　毛本復作後○按毛本是也

故以發端言降拜　毛本以作云○按毛本是也

公坐奠觶荅拜

賓進以臣道就　毛本就作也徐本通解俱作就陳閩監葛俱無

賓以旅大夫于西階上

先孤卿後大夫　卿後大夫四字毛本脫徐本通解俱有

若膳觶也

注言更至禮殺　釋曰上注云不相襲者於尊言更自敵以下言易此賓於卿是自敵以下當言易今言更者尊卿尊則卑賓禮殺也　通解於尊言更作於尊者言更　尊則尊卿尊下有卿字

大夫辯受酬

大夫至復位　釋曰言復位者亦如上復門右北面位即中庭北面位也　通解中庭作庭中此節及下節注疏毛本俱脫

主人洗觶　毛本觶作酬唐石經徐本通解敖氏俱作觶

司宮兼卷重席

其餘樹之於位後耳者以　毛本無耳者以三字

若然此云 毛本若然作則

不謂始卷之 毛本謂下有至是二字

乃薦脯醢

主人俎脊脅肺 通解要義同毛本俎下有脊字○按鄉射記有脊字

脊脅肺臑 通解要義同毛本脊上有折字○按無者非也

卿坐左執爵

自在射臣之意 徐本通解同毛本作亦自貶於君

不在射亦不啐者 通解同毛本君作不射亦作不嚌陳本君字空不嚌作不亦

主人洗觚升

乃足 要義同毛本通解乃上有其義二字

辯獻大夫

上揔言獻大夫辯　通解同毛本辯字在獻字上

乃一時薦之　通解同毛本乃上有大夫二字

僕人正

故僕人正爲長　要義同毛本通解故下有云字

以爲大師小師　毛本小作少

後者徒相入

亦據升堂坐之先後　亦據陳閩通解俱作既然則與坐先後之位毛本作亦據升堂與坐之先後之位通解作與坐之位

坐授瑟乃降　授石經補缺誤作受

小樂正

猶統于階而 陳閩通解同而字屬下句毛本而作西

乃歌鹿鳴

可則傚也 傚釋文作詨云亦作傚

主人洗升實爵獻工 實石經補缺誤作賓

辟正主也 辟陳本作別

主人受爵降

其穹隆二十板 毛本穹作窮要義作穹板作版

乃管新宮

故與由庚之等同亡 要義同毛本庚下有由儀二字亡作云

此辟射位 毛本此作北

司正降自西階○南面坐取觶 毛本取作奠石經補缺敖氏俱誤作取

奠于中庭故處 徐本通解楊氏同毛本處作也

興右還○南面坐取觶洗 六字石經補缺脫

如是得從觶西往來也 從通解作於

司射適次袒決遂 袒唐石經作祖誤

張幃席爲之 徐本通解楊敖同毛本張作帳○按張是也

所以遂弦也 所聶氏作襃

弣弓杷也 杷釋文楊氏俱作把

大射正舍 舍上陳閩監本俱有射字

遂告曰　曰石經補缺誤作于

御猶侍也　猶陳閩監葛通解俱作由

射器皆入

司射矢亦止西堂下　按疏所據本矢上似有弓字故賈氏辨其誤然通注俱無弓字未詳

工人士○射正莅之　莅陳閩監葛俱作蒞按莅蒞涖蒞諸本錯出後不悉挍

一從一橫曰午　按釋文一作壹

冬官雖亡　要義同毛本亡作士

卒畫

知工人　毛本人下有士字

司射西面誓之曰○射者非其侯　其下徐本有字未刻

卑者尊者射 毛本要義卑者下有與字要義射作爲耦

遂比三耦

例同三耦一侯而已 毛本三誤作一

司射入于次

搢扱也 扱釋文作捷云本又作扱

自此至東面 此閩本誤作比

卒射

按鄉射誘射射卒 通解同毛本不重射字

故司射不特尊之 通解同毛本特作待非也

其餘小卿 陳本通解同毛本小作少非也

遂取扑盧文弨云唐石經初並作朴後改從扌

司馬師命負侯者

欲令射者通解無欲字

深志於侯中也徐本通解楊氏同毛本於作與

上耦出次

亦上射在北居右通解同毛本右作左周學健云次北西面時上射居右既揖而進上射乃之左

皆當其物□還視侯中視通解誤作侯

則視參中毛本視誤作射

則視干中干于二字易淆後凡可以意會者不悉校

司馬正適次○命去侯　侯石經補缺閩監葛本俱誤作侯按提要云監本沿唐石經之誤今石經已缺後人所補不足憑侯得舊本攷之

授獲者

相代而獲者　毛本代誤作待

舉旌以宫

再言獲也　徐本楊氏同毛本通解再作等

上射降三等　毛本三作二唐石經徐本通解楊敖俱作三是也石經考文提要云疏明釋三等及下文中等之義

○上射于左　于陳閩監葛俱誤作與

司馬正袒決遂

論取矢設楅　毛本楅下有之事二字

皆隱處 要義同毛本通解皆下有於字

升自西階○揖弓命取矢 揖楊氏作挾注同

小臣師設楅司馬正東面 面通解誤作南

鄉射記曰 浦鏜云禮誤記

卒若矢不備 唐石經徐本通解楊敖俱有卒字毛本無

司射適西階西

以告以三耦射射卒 毛本通解作以告三耦卒射

公許○即位而后告 唐石經徐陳閩葛通解楊敖同毛本后作後

司射東面于大夫之西比耦 釋文唐石經徐本同毛本通解楊敖比俱作北○許宗彥云比誤也下云耦大夫與大夫有與大夫三字則句首不必有比字可知又司射居大夫之西北不正向大夫者大夫尊也

一耦出西面揖

一一上射出　徐本同毛本通解不重一字

上射東面

并矢於弣　毛本弣誤作跗

以其下射者右還周　陳閩通解同毛本右作又

下射進

向下取矢亦便也　要義同毛本矢下無亦字

既拾取矢梱之　唐石經徐陳同毛本梱作捆

退者與進者○相揖退　毛本揖下有還字唐石經徐本通解楊敖俱無

司射作射如初　毛本射作揖唐石經徐陳通解楊氏敖氏俱作射

司射猶挾一个

衆足以知之矣　徐本通解同毛本無足字

司射西面命曰

維當爲絹絹綱耳　朱子曰綱耳卽籠綱以布爲之梓人謂之縜而此謂之絹字雖異而音則同敖氏曰絹字恐是縜字之誤○按敖說是也釋文於周禮縜字不云與絹同於此絹字復不云與縜同而音則無异又此疏引周禮處皆作縜至述注則仍作絹似縜與絹爲二物者皆足以滋後人之疑不可不辨綱上通解有爲字

謂矢至侯不著而還復　徐本通解楊敖同毛本謂作爲

縜寸焉　要義同毛本縜作絹下云縜爲縜著縜並同陳本唯著絹作絹餘同此本

唯公所中

注値中至釋獲　毛本値誤作植

釋獲者

注傳告服不　毛本服不作至所命○按毛本是

儀禮注疏卷十七挍勘記終

奉新余成教挍

儀禮注疏卷第十八

唐朝散大夫行大學博士弘文館學士臣賈公彥等撰

三耦卒射賓降取弓矢于堂西不敢與君並俟告取之以升俟君事畢〔疏〕三耦至堂西○注不敢至事畢○釋曰自此盡共而俟論第二番射三耦訖次公卿大夫之事但此賓先降取弓矢即升堂者以其不敢與君並待告故下云司射告射于公小射正取公之決拾并授弓拂弓是君待告乃取弓矢是不敢與君並俟告也云取之以升俟君事畢者案下文云公將射則賓降適堂西袒決遂執弓搢三挾一个升自西階是君事畢君事畢賓降袒決遂乃更升若然賓於此不即袒決遂者去射時遠故不可即袒也諸公卿則適次繼三耦以南言繼三耦明在大夫北〔疏〕諸公至以南○注言繼至夫北○釋曰言適次者但射位在堂東次在洗東南令諸公卿東南適次前北至三耦之南以次西面立云繼三耦明在大夫北者以其三耦在北大夫在南而言繼三耦明在大夫之北也公將射則司馬師

命負侯皆執其旌以負其侯而俟君尊若始焉〔疏〕公將至而俟。注君尊若始焉。釋曰云君尊若始焉者案上始時司馬命負侯三耦將射司馬命去侯今三耦卒射君將射司馬使更命負侯是君尊若始焉司馬師反位隸僕人埽侯道新之司射去扑適阼階下告射于公公許適西階東告于賓告當射也今文曰阼階下無適遂搢扑反位小射正一人取公之決拾于東坫上一小射正授弓拂弓皆以俟于東堂授弓當授大射正拂弓去塵〔疏〕小射至東堂。注授弓至去塵。釋曰據此經上下或云大射正或云司射或云小射正不同者今行射禮大射正一人爲上司射次之或云小射正若然大射正與司射各一人據其行事小射正不止一人而已此云小射正一人取公之決拾於東坫上下云小射正奉決拾以笥與此一人此又云小射正授弓與取決拾別則小射正二人也云授弓當授大射正者下云大射正執弓以俟以授公明此小射正授弓者當授大射正也公將射則賓降適堂西袒決遂執弓搢三挾一个升自西階先待于物北一笴東面立不敢與君併笴矢幹東面立鄉君也

【疏】公將至面立○注不敢至君也○釋曰云公將射則賓降者案前文賓降適堂西取弓矢無賓升堂之文但文不具其實即升矣是以此文云賓降云笴矢幹者案周禮矢人矢幹長三尺則此賓立於物北三尺矣

司馬升命去侯如初還右乃降釋弓反位還右還君之右也猶出下射之南還其後也今文曰右還

【疏】注還右至右還○釋曰云還右還君之右也者君為下射賓為上射司馬在君之西南揚弓命去侯訖還君之右東而南西向降自西階猶出下射之南還其後也者由如上文初將射時司馬立於物間南揚弓命去侯訖出於下射之南還其後降自西階前後是同故取彼解此云今文曰右還不從右還者若右還則右還於上射不得還君故不從也

公就物小射正奉決拾以笥大射正執弓皆

以從於物笴萑葦器大射正舍司正親其職〔疏〕公就至於物○注笴萑至其職○釋曰前解大射正與司射別人案此注大射正舍司正親其職則大射正與司正爲一人又案上文司射請立司正遂立司射爲司正則司射又與大射正爲一人與上解似相違者以大射正與射人俱掌射事相當則大射正與司射別若通而言之射人不對大射正射人亦名大射正故此以射人爲大射正也小射正坐奠笴于物南遂拂以巾取決興贊設決朱極三極猶放也所以韜指利放弦也以朱韋爲之三者食指將指無名指無極放弦契於此指多則痛小指短不用小臣正贊袒公袒朱襦卒袒小臣正退俟于東堂小射正又坐取拾興贊設拾以笴退奠于坫上復位既袒乃設拾拾當以韝襦上〔疏〕注既袒至襦上○釋曰案上文設決訖乃云公袒朱襦始云小臣正贊設拾拾當斂膚體宜在朱襦之上故鄭云既袒乃設拾拾當以韝襦上鄉射云袒決遂以其無襦故遂與決得俱時設若大夫對士射袒

纁襦設遂亦當在袒後大射正執弓以袂順左右隈上再下壹左執弣右執簫以授公公親揉之順放之也隈弓淵也揉宛之觀其安危也今文順爲循古文揉爲紐疏大射至揉之○注順放至爲紐○釋曰云順放之也者以袂向下於弓隈順放之云觀其安危也者案考工記弓人云其弓安其弓危者以弓弱者爲危其弓強者爲安則此云觀安危者謂試弓之強弱小臣師以巾內拂矢而授矢于公稍屬內拂恐塵及君也稍屬不搢矢大射正立于公後以矢行告于公若不中使君當知而改其度下曰留上曰揚左右曰方留不至也揚過去也方出旁也公既發大射正受弓而俟拾發以將乘矢公下射也而先發不留尊也疏公既至乘矢○注公下至尊也○釋曰案上三耦射者上射射訖乃次下射此公爲下射當後射今君射前於賓故鄭云先發不留尊也公卒射小臣師

以巾退反位大射正受弓受弓以授有司於東堂小射正以笥受決拾退奠于坫上復位大射正退反司正之位小臣正贊襲公還而后賓降釋弓于堂西反位于階西東面階西東面賓降位（疏）注階西至降位○釋曰案上文賓受獻訖降立於階西東面此云反位於階西東面故云反位也公即席司正以命升賓賓升復筵（疏）公即至復筵○釋曰此公與賓復升即位者公卿以下當繼射公與賓當觀之故升就位也而后卿大夫繼射諸公卿取弓矢于次中袒決遂執弓搢三挾一个出西面揖揖如三耦升射卒射降如三耦適次釋弓說決拾襲反位衆皆繼射釋獲皆如初諸公卿言取弓矢衆言釋

獲互言也卒射釋獲者遂以所執餘獲適阼階下北面告于公曰左右卒射司射不告者釋獲者於是有事宜終之也餘獲餘筭也無餘筭則無所執古文曰餘筭反位坐委餘獲于中西興共而俟司馬袒執弓升命取矢如初負侯許諾以旌負侯如初司馬降釋弓如初小臣委矢于福如初司馬司馬正於是司馬師亦坐乘矢疏司馬至如初○釋曰自此盡就席論射訖取矢委於福之事○注司馬至乘矢○釋曰如司馬是司馬正司馬師亦坐乘矢者此經皆言如初案上耦射司馬正與司馬師乘矢故知也賓諸公卿大夫之矢皆異束之以茅卒正坐左右撫之進束反位異束大夫矢尊殊之也正司馬正也進前也又言束整結之示親也疏注異束至殊之也○釋曰公卿皆異束但言大夫者公卿自相對其矢俱束之及其脫之亦拾取但

三耦之內大夫以士耦之士矢不束大夫束之故曰尊殊之下注云不言君矢小臣以授矢人於東堂下可知知者以其小臣取矢明取之以授矢人

賓之矢則以授矢人于西堂下是言矢人則納射器之有司各以其器名官職不言君矢小臣以授矢人于東堂下可知

司馬釋弓反位而后卿大夫升就席此言其升前小臣委矢於楅疏注此言至於楅○釋曰云此言其升升前小臣委矢於楅者案上文司馬降釋弓如初在小臣委矢之上其司馬降釋弓之時卿大夫即升就席委矢當依司馬命取矢之下不失其次故不即見卿大夫升事是以於此特言司馬降釋弓與卿大夫升爲節耳故鄭亦言其次第也

司射適階西釋弓去扑襲進由中東立于中南北面視筭釋弓去扑射事已也疏司射至去扑○釋曰自此盡其而俟論數筭之事直言去扑不言去矢矢亦去之是以下文司射執弓挾一个搢扑明此時去矢後更挾之

釋獲者東面于中西坐先數右獲固東面矣復言之者少南就右獲

二筭爲純純猶全也耦陰陽也一純以取實于左手十純則縮而委之縮從也於數者東西爲從古文縮皆作蹙每委異之易校數有餘純則橫諸下又異之也自近爲下一筭爲奇奇則又縮諸純下又從之興自前適左從中前北也更端故起東面坐少北於故坐兼斂筭實于左手一純以委十則異之變於右也其餘如右獲謂所縮所橫者司射復位釋獲者遂進取賢獲執之由阼階下北面告于公賢獲勝黨之筭也執之者齊而取其餘若右勝則曰右賢於左若左勝則曰左賢於右以純數告若有奇者亦曰奇告曰某賢於某若干純若干奇若左右鈞則左右各執一筭以告曰左右鈞

還復位坐兼斂筭實八筭于中委其餘于中西興共而俟司射命設豐當飲不勝者射爵【疏】司射命設豐○釋曰自此盡徹豐與觶論二番射訖行射爵之事　司宮士奉豐由西階升北面坐設于西楹西降復位勝者之弟子洗觶升酌散南面坐奠于豐上降反位弟子其少者也不授者射爵猶罰爵略之【疏】注弟子至略之○釋曰自此以上其疏見於鄉射於此不復言云不授者射爵猶罰爵略之者案詩云兕觥其觩旨酒思柔注云觩陳設貌觥罰爵不手授此飲射爵亦不手授故云猶罰爵也案獻酬之爵皆手授之此不手授故云略之也若然士以下飲罰爵者取於豐大夫已上皆手授尊之故下注云授爵而不奠豐尊大夫也其三耦之内雖大夫亦取於豐者以其作三耦與衆耦同事故不復殊之　司射遂袒執弓挾一个搢扑東面于三耦之西命三耦及衆射者勝

者皆袒決遂執張弓執張弓言能用之也右手挾弦不勝者皆襲說決拾卻左手右加弛弓于其上遂以執弣固襲說決拾矣復言之者起勝者也不勝者執弛弓言不能用之也兩手執弣無所挾也疏注固襲至挾也○釋曰云固襲說決拾矣復言之者起勝者也者起勝者射畢之時降堂皆就次襲說決拾矣故云固襲今復言之者以其勝者更袒決遂故復言不勝襲說決拾欲與勝者相起復發故復言之也司射先反位居前三耦及衆射者皆升飲射爵于西階俟所命入次而來飲上不勝之黨無不飲疏注不勝之黨無不飲○釋曰以其經云三耦及衆射者皆升飲射爵者言升之明知不勝之黨無不飲但大射者所以擇士以助祭今若罰爵在於不勝之黨雖數中亦受罰及其助祭雖飲射爵亦得助祭但在勝黨雖不飲○爵若不數中亦不得助祭以其飲罰據一黨而言取其助祭取一身之藝義故不同也小射正作升飲射爵者如作射一耦出揖如升射

及階勝者先升升堂少右先升尊賢也少右辟飲者亦因相飲之禮然疏注先升至禮然○釋曰云亦因相飲之禮然者案鄉飲酒鄉射獻酬之禮獻者在右酬者在左故云亦也不勝者進北面坐取豐上之觶興少退立卒觶進坐奠于豐下興揖立卒觶不祭不拜受罰不備禮也右手執觶左手執弓疏注立卒至執弓○釋曰案鄉飲酒皆祭坐卒爵拜既爵故此決之受罰不備禮也云右手執觶左手執弓者以其執弛弓不釋於地明知未飲時兩手執弓今受罰爵右手執爵爲便左手執弓可知不勝者先降後升先降畧之不由次也降而少右復竝行疏不勝者先降○注後升至竝行○釋曰云後升先降畧之不由次也者案上文勝者先升此文不勝者先降故云畧之不由次云降而少右復竝行者見下文與升飲者相左明降至堂下此二人少右復竝行以其辟升者在左故也與升飲者相左交于階前相揖適次釋弓襲反位僕人師繼酌射爵取觶實

之反奠于豐上退俟于序端僕人師酌者若使之代弟子也自此以下辯爲之酌升飲者如初三耦卒飲若賓諸公卿大夫不勝則不降不執弓耦不升此耦謂士也諸公卿或闕士爲之耦者不升其諸公卿大夫相爲耦者不降席重恥尊也〔疏〕若賓至不升○注此耦至尊也○釋曰知此耦謂士者以大夫坐於上士立於下經云耦不升故云此耦謂士也是以鄭解其意云諸公卿或闕士爲之耦者不升其諸公卿大夫相爲耦者不降席以其大夫在堂上故云不降席云重恥尊也者解士不升大夫已上不降席意以其卑者對飲尊者是可恥之事不對飲是重恥尊者也僕人師洗升實觶以授賓諸公卿大夫受觶于席以降適西階上北面立飲卒觶授執爵者反就席雖尊亦西階上立飲不可以已尊枉正罰也授爵而不奠豐尊大夫也〔疏〕注雖尊至大也○釋曰云不可以已尊枉正罰也者正罰謂上文飲者在左勝者在右於西階之上

北面跪取豐上之觶飲之是也今雖不取於豐亦於西階北面是不可以已尊枉正罰也**若飲公則侍射者降洗角觶升酌散降拜**侍射賓也飲君則不敢以爲罰從致爵之禮也【疏】若飲至降拜○注侍射至禮也○釋曰云侍射賓也者以其賓與君對射耦自相飲故知侍射者賓也云飲君則不敢以爲罰從致爵之禮也者罰爵如上文罰者飲之而已今則從燕臣致爵於君之禮下文所謂夾爵者是也但此經云角觶與上文觶皆是三升曰觶觶與角連故謂之角觶或單言角或單言觶是以禮記少儀云侍射則約矢侍投則擁矢勝則洗爵而請不角注云角謂觥罰爵也於尊長與客如獻酬之爵又詩云我姑酌彼兕觥毛傳云兕觥角爵箋云兕觥罰爵是其角觶兕觥皆罰爵此角觶以兕角爲之非謂四升曰角者也若然此角觶對下文飲君云象觶故云角觶謂賓酌如兕自飲君即下文賓降洗象觶亦從獻酬之爵不敢用罰爵也**公降一等小臣正辭賓升再拜稽首公荅再拜賓坐祭卒爵再拜稽首公荅再拜賓降洗象觶升酌膳**

以致下拜小臣正辭升再拜稽首公荅再拜公卒觶賓進受觶降洗散觶升實散下拜小臣正辭升再拜稽首公荅再拜賓復酌自飲者夾爵也但如致爵則無以異於燕也夾爵亦所以恥公也所謂若飲君燕則夾爵〔疏〕注賓復至夾爵○釋曰云所謂若飲君燕則夾爵者言所謂鄉射文彼云燕者則此經夾爵也賓坐不祭卒觶降奠于篚階西東面立不祭象射爵〔疏〕注不祭象射爵○釋曰案上文受罰者取爵於豐飲之不祭此云君爵不祭是以賓飲夾爵亦不祭皆與射同故云象擯者以命升賓賓升就席擯者司正也今文席爲筵若諸公卿大夫之耦不勝則亦執弛弓特升飲此耦亦謂士也特猶獨也以尊與卑爲耦而又不勝使之獨飲若無倫匹孤賤也衆皆繼飲射爵如三耦射爵辯乃徹豐

與觶徹除也　司宮尊侯于服不之東北兩獻酒東面南上皆加勺設洗于尊西北篚在南東肆實一散于篚爲大侯獲者設尊也言尊侯者獲者之功由侯也不於初設之者不敢必君射也君不射則不獻大侯之獲者散爵名容五升

疏○司宮至于篚○注爲大至五升○釋曰自此盡侯而俟論設尊獻服不之事云不於初設之者不敢必君射也君不射則不獻大侯之獲者若然此設大侯之獲者君不射則不設之不豫設者不敢必君射案上張侯先設大侯君射大侯張之必君射者但聖人設法一與一奪以大射者爲祭擇士所以助祭人君不可不親故奪其尊使之必射故豫張大侯至此設大侯之尊若射訖乃設之者許其自優暇容有不射之理是以不射則不設射乃設之云散爵名容五升者案韓詩傳云一升曰爵二升曰觚三升曰觶四升曰角五升曰散是其散容五升也

司馬正洗散遂實爵獻服不言服不者著其官尊大侯也服不司馬之屬掌養猛獸而教擾之者洗酌皆西面

疏司馬至服不○注言服至西面○釋曰云服不者著其官

尊大侯也者自此已前皆以事名之於此而言服不著其官言尊大侯故也云服不司馬之屬者以其服不在大司馬下六十官之屬者云掌養猛獸而教擾之者猛獸能擾之屬教之使擾馴人意象王者服不服諸侯使歸服王者云洗酌皆西面者以其設尊設洗皆東面故知洗爵酌酒皆西面向之也若然獻旅食尊後酌者爲背君此西面不嫌背君以其南統於侯故也

服不侯西北三步北面拜受爵近其所爲獻

疏服不至受爵○注近其所爲獻○釋曰云近其所爲獻者以其服不得獻由侯所爲故不近乏而近侯獻之故云近其所爲獻也

司馬正西面拜送爵反位不侯卒爵略賤也此終言之獻服不之徒乃反位

疏司馬至反位○注不侯至反位○釋曰云不侯卒爵略賤也者案上文獻服不訖又案下文卒祭左个之西北三步東面設薦俎立卒爵若然卒爵禮祭侯訖今司馬反位在未祭侯之前故略賤也云此終言之獻服不之徒乃反位者但大侯尊服不與其徒二人共在獲所獻服不亦兼獻徒此經唯見獻服不不見獻其徒即云司馬反位明獻徒後始反位是以知反位者終言之其實獻徒後乃反位故下注云司馬正皆獻之是也

宰夫有司

薦庶子設折俎宰夫有司宰夫之吏也鄉射記曰獲者之俎折脊脅肺【疏】宰夫至折俎○注宰夫至脅肺空一字○釋曰云宰夫有司宰夫之吏也者諸侯宰夫是士而宰夫有司明是宰夫之吏府史也引鄉射記者此俎實無文故引之爲證

卒錯獲者適右个薦俎從之不言服不言獲者國君大侯服不負侯其徒居乏待獲變其文容二人也司馬正皆獻之薦俎已錯乃適右个明此獻已已歸功於侯也適右个由侯內鄉射記曰東方謂之右个【疏】卒錯至從之○注不言至右个○釋曰云國君大侯服不負侯其徒居乏待獲變其文容二人也者案上注云天子服不氏下士一人徒四人掌以旌居乏待獲鄭言容二人者欲見服不與徒二人皆得獻故鄭云司馬正皆獻之云適右个由侯內者以其既祭左个次祭右个乃祭於中故云適右个由侯內

獲者右執爵右祭薦俎二手祭酒祭俎不奠爵不備禮也二手祭酒者獲者南面於俎北當爲侯祭於豆閒爵反注爲一手不能正也此薦俎之設如於北面人爲天子祝侯曰唯若寧侯無或若女不寧侯不屬於王所故抗而射女強飲強食貽女曾孫諸侯百福諸侯以下祝辭未聞【疏】獲者

至祭酒○注祭俎至未聞○釋曰云祭俎不薦爵不備禮也者言祭俎者謂祭俎上肺但肺有二種此云祭是祭肺也非是離肺知者案鄉射記云獲者之俎折脊脅肺臑又曰釋獲者之俎折脊脅肺皆有祭則此俎祭肺亦離肺若然凡祭祭肺皆不薦爵是其常云此不薦爵不備禮者但祭肺離肺兩有祭肺不薦爵若空有祭肺亦不薦爵今祭俎不薦故云不備禮云天子祝侯曰以下周禮梓人文云諸侯以下祝辭未聞知諸侯不與天子祝辭同而云未聞者以本所射侯天子中之則能服諸侯諸侯中之則得爲諸侯若天子云抗而射女諸侯則不得云抗而射女是以知祝辭有異但未聞耳

適左个祭如右个中亦如之先祭个後中者以外即之至中若神在中鄉射禮曰獻獲者俎與薦皆三祭

疏注鄉射至三祭○釋曰以其左右及中故三者皆三祭非謂一處有三祭

卒祭左个之西北三步東面此鄉受獻之位也不北面者嫌爲侯卒爵

疏卒祭至東面○注此鄉至卒爵○釋曰云不北面者嫌爲侯卒爵者前服不受獻之時侯西北面者欲歸功於侯故也今卒爵雖同舊處而東面者以其前受獻爲已今卒爵還爲已卒爵故東面是以云不北面者嫌爲侯卒爵也

設薦俎立卒爵不言不拜既爵司馬正已反位不拜可知也鄉射禮曰獲者薦右東面立飲不拜既

疏設薦至卒爵○注不言至立飲○釋曰云不言不拜既爵司馬正已反位不拜可知也者決鄉射獲者薦右東面立飲不拜既爵此則不言之以其司馬在對司馬不拜既爵司馬已反位不拜既爵可知故不言引鄉射禮者此不言立位之處當同鄉射薦者東面立

司馬師受虛爵洗獻隸僕人與巾車獲者皆如大侯之禮隸僕人埽侯道巾車張大侯及參侯干侯之獲者其受獻之禮如服不也隸僕人巾車於服不之位受之功成於大侯也不言量人者此自後以及先可知

疏司馬至之禮○注隸僕至可知○釋曰云隸僕人埽侯道者謂君射時初埽之時亦是隸僕人也云巾車張大侯者舉尊者而言其參侯干侯亦張之是以上文司馬遂命量人巾車張三侯此直云大侯舉尊而言也云及參侯干侯之獲者以其上文以獻大侯服不獲者明此經獲者是參侯豻侯可知云隸僕人巾車於服不之位受之知者以其隸僕人巾車素無其位而經云如大侯之禮明就大侯之位受獻是以鄭云功成於大侯也云不言量人者此自後以及先可知者案上張侯

之時先言量人後言巾車君射之時乃有隸僕人埽侯道受獻先言隸僕人後言巾車是自後以及先隸僕尚得獻明量人在巾車之先得獻可知卒司馬師受虛爵奠于篚獲者之篚獲者皆執其薦庶子執俎從之設于乏少南少南爲復射妨旌也隸僕人巾車量人自服不而南疏注隸僕至而南。釋曰知自服不而南者雖無正文以其受獻於服不之位明繼服不而南可知服不復負侯而俟司射適階西去扑適堂西釋弓說決拾襲適洗洗觚升實之降獻釋獲者于其位少南獻釋獲者與獲者異文武不同也去扑者扑不升堂也少南辟中疏司射至少南。釋曰自此盡反位論獻釋獲者之事。注文武不同。釋曰言文武不同者以其獻獲者於侯西北面受獻歸功於侯是其武獻釋獲者升堂酌酒東面獻之就釋算之所是其文故云文武不同薦脯醢折俎皆有祭俎與服不同唯祭一爲異疏注俎與至爲異。釋曰云俎與服不同者以其俱用一俎云唯祭一爲異者上祭侯之俎引鄉射獲者俎與薦皆三祭鄉射注云祭侯三處至此獻釋獲者不主祭侯正唯一祭俎耳故云唯祭一爲異釋獲者薦右東面拜受爵司射北面拜送爵釋獲者就其薦坐左執爵右祭脯醢興取肺坐祭遂祭酒祭俎不奠爵亦賤不備禮疏注祭俎至備禮○釋曰上祭侯之時祭俎不奠爵不備禮至此祭俎亦祭肺不奠爵賤亦不備禮興司射之西北面立卒爵不拜既爵司射受虛爵奠于篚釋獲者少西辟薦反位辟薦少西之者爲復射妨司射視筭亦辟俎也疏注亦辟俎也○釋曰以其薦俎相將薦既辟俎亦辟可知司射適堂西袒決遂取弓挾一个適階西搢扑以反位爲將復射疏司射至反位○注爲將復射○釋曰自此盡于公如初論司射請公爲三番射事司射倚扑于

階西適阼階下北面請射于公如初不升堂賓諸公卿大夫既射矣聞之可知【疏】注云不升堂賓諸公卿大夫既射矣聞之可知者決前司射升堂請射于公升今不升者諸公卿大夫前已射聞之矣

反搢扑適次命三耦皆袒決遂執弓序出取矢繇言拾是言序互言耳【疏】反搢至取矢○注繇言至言耳○釋曰自此盡襲反位論三耦與卿大夫取矢之事云繇言拾者謂第一射時三耦云拾取矢云是言序者謂序出次時一耦先後互者皆次序出次至庭拾取矢

司射先反位言先先三耦也司射既命三耦以入次之事即反位三耦入次袒決遂執弓挾矢乃出反次外西面位繇不言司射先反位三耦未有次位無所先也【疏】司射先反位○注言先至先也○釋曰云繇不言司射先反位三耦未有次外位無所先也者凡言反位者謂前已有位今乃反之是今禮反於舊位舊位第一番之時三耦次外。舊無位司射雖先有位不得言先反位是以從之

三耦拾取矢如初小射正作取矢如初小射正司射之佐作取矢禮殺代之【疏】

三耦至如初。注小射至代之。釋曰云禮殺代之者決第一番不言小射正作取矢

三耦既拾取矢，諸公卿大夫皆降，如初位，與耦入於次，皆袒決遂，執弓，皆進當楅，進坐說矢束，上射東面，下射西面，拾取矢，如三耦。皆進當楅，進三耦揖之位也。凡繼射命耦而巳，不作射，不作取矢，從初。

疏 三耦至三耦。注皆進至從初。釋曰：云凡繼射命耦而巳不作射不作取矢從初者，言凡繼射命耦者，前三耦卒射後，大夫降至三耦之南，西面北上，司射東面于大夫西北，耦大夫與大夫，命上射曰某御於子，命下射曰子與某子射，卒遂比衆耦云云，至公即席後，賓升階復位，還筵而後，卿大夫繼射，後衆皆繼射，釋獲皆如初。注云諸公卿言取弓矢，衆言釋獲，互言也。既司射注司射所作唯上耦，是此文小射正但作三耦拾取矢，公以下亦無作拾文，故曰不作取矢從初，從三耦法也。

若士與大夫爲耦，士東面，大夫西面，大夫進坐，說矢束，退反位。說矢束自同於

三耦謙也〔疏〕注說矢至謙也○釋曰云自同於三耦謙也者以其三耦是士之朿既是大夫若朿則異於三耦故云說矢朿自同於三耦謙也鄉射坐說矢朿注云說矢朿者下耦以將拾取彼不言同三耦者彼三耦非大夫故也耦揖進坐兼取乘矢興順羽且左還毋周反面揖兼取乘矢不敢與大夫拾大夫進坐亦兼取乘矢如其耦北面搢三挾一个揖進大夫與其耦皆適次釋弓說決拾襲反位諸公卿升就席大夫反位諸公卿乃升就席大夫與已上下位〔疏〕注大夫至下位○釋曰諸公卿大夫自爲耦者拾取矢在前大夫與士耦者說矢朿拾取矢在後今待大夫反位公卿乃升就席者以其上大夫與下大夫同是大夫爵但上下有異耳故上大夫待下大夫反位乃後升就席衆射者繼拾取矢皆如三耦遂入于次釋弓矢說決拾襲反位司射猶挾一个以作

射如初一耦揖升如初司馬升命去侯負侯許諾司馬降釋弓反位司射與司馬交于階前倚扑于階西適阼階下北面請以樂于公公許請奏樂以爲節也始射獲而未釋獲復釋獲復用樂行之君子之於事也始取苟能中課有功終用成法教化之漸也射用應樂爲難孔子曰射者何以聽循聲而發發而不失正鵠者其唯賢者乎

［疏］注請奏至者乎○釋曰云請奏樂以爲節也者謂若天子騶虞九節諸侯貍首七節大夫采蘋士采蘩皆五節云始射獲而未釋獲者謂第一番三耦射中時雖唱獲未釋筭云復釋獲者謂第二番衆耦皆射釋筭未作樂云復用樂行之者謂第三番射非直釋筭復用樂焉云射用應樂爲難者但禮射其容體比於禮其節奏比於樂又須中於侯名爲應樂節云孔子曰者禮記射義文引之者證射用應樂而爲難之意

司射反搢扑東面命樂正曰命用樂言君有命用樂射也樂正在工南北面

［疏］注言君至北面○釋曰云樂正在工南北面者

此時工在洗東西面樂正在工南北面司射在西階下東面經云命樂正者東面進命之樂正曰諾

司射遂適堂下北面視上射命曰不鼓不釋不與鼓節相應不釋筭也鼓亦樂之節學記曰鼓無當於五聲五聲不得不和凡射之鼓節投壺其存者也周禮射節天子九諸侯七卿大夫以下五〔疏〕注不與至下五○釋曰引學記者證鼓得與樂爲節之事云凡射之鼓節投壺其存者也者射之鼓節多少無文案今禮記投壺篇圖出魯鼓薛鼓云取半以下爲投壺節盡用之爲射節是其投壺存者云周禮射節天子九以下者是射人樂師皆有此文引之者證射節多少

上射揖司射退

反位樂正命大師曰奏貍首閒若一樂正西面受命左還東面命大師以大射之樂章使奏之也貍首逸詩曾孫也貍之言不來也其詩有射諸侯首不朝者之言因以名篇後世失之謂之曾孫曾孫者其章頭也射義所載詩曰曾孫侯氏是也以爲諸侯射節者采其既有弧矢之威又言小大莫處御於君所以燕以射則燕則譽有樂以時會君事之志也閒若一者調其聲之疏數重節〔疏〕上射至若一○注樂

正至重節○釋曰云貍首逸詩曾孫也者以其貍首是篇名曾孫是章頭知者以其射義上文云其節天子以騶虞諸侯以貍首卿大夫以采蘋士以采蘩以類言之騶虞采蘋是篇名貍首篇名可知射義下文諸侯君臣盡志於射又云故詩曰曾孫侯氏四正具舉小大莫處御於君所注云此曾孫之詩諸侯之射節也四正正爵四行也四行者獻賓獻公獻卿獻大夫乃後樂作而射也上云貍首下云曾孫章頭也是以鄭云曾孫其章頭射義所載曾孫侯氏是也云後世失之謂之曾孫者以曾孫爲篇名是失之云曾孫其章頭也是正世人也云小大莫處已下則燕則譽以上皆射義文彼注以燕以射先行燕禮乃射是也云間若一者調其聲之疏數重節者謂九節七節五節中間相去或希疏或密數中間使如一必疏數如一者重此樂故也

大師不興許諾樂正反位奏貍首以射三耦卒射賓待于物如初公樂作而后就物稍屬不以樂志其他如初儀

不以樂志君之射儀遲速從心其發不必應樂辟不敏也志意所擬度也春秋傳曰吾志其目

疏 大師至初儀○注不以至其目○釋

曰此經云如初者皆如上第二番射法唯作樂爲異耳云辟不敏也者若以樂志不與樂節相應則見其不敏今不以樂志遲速從心其發不必應樂是辟不敏也引春秋傳者定八年左氏傳文正月公侵齊門于陽州其時魯人顏息射人中眉退曰我無勇吾志其目也服氏注云志中其目是非其誠詐以自矜引之者證志是意所擬度也

卒射如初賓就席諸公卿大夫衆射者皆繼射釋獲如初卒射降反位釋獲者執餘獲進告左右卒射如初司馬升命取矢負侯許諾司馬降釋弓反位小臣委矢司馬師乘之皆如初司射釋弓視筭如初釋獲者以賢獲與鈞告如初復位司射命設豐實觶如初遂命勝者執張弓不勝者執弛弓升飲如初卒退豐與觶

如初司射猶袒決遂左執弓右執一个兼諸弦面鏃適次命拾取矢如初側持弦矢曰執面猶尚也兼矢於弦尚鏃將止變於射也〔疏〕注側持至射也○釋曰上文皆云挾一个此經云執一个故上注云方持弦矢曰挾以其將射故也此注云側持弦矢曰執謂鏃向上故云兼矢於弦尚鏃此將止變於射也案鄉射禮云矢不挾兼諸弦弣不言面鏃言面鏃不言兼弦弣各舉一邊省文之義言兼弦弣者一矢兼弦三矢兼弣也司射反位三耦及諸公卿大夫衆射者皆袒決遂以拾取矢如初矢不挾兼諸弦面鏃退適次皆授有司弓矢襲反位不挾亦謂執之如司射卿大夫升就席司射適次釋弓說決拾去扑襲反位司馬正命退楅解綱小臣師退楅巾車量人解左下綱司

馬師命獲者以旌與薦俎退解猶釋也今文司馬師無司馬司射命釋獲者退中與筭而俟諸所退射器皆俟備君復射釋獲者亦退其薦俎〔疏〕注諸所至薦俎○釋曰云皆俟備君復射者但射已三番於後或射或否但臣不敢必君射故備擬於君也云釋獲者亦退其薦俎者前辟薦俎今既退中與筭薦俎不可虛辟明亦退之可知公又舉奠觶唯公所賜若賓若長以旅于西階上如初大夫卒受者以虛觶降奠于篚反位〔疏〕公又至反位○釋曰此一節論射訖爲大夫舉旅之事司馬正升自西階東楹之東北面告于公請徹俎公許射事既畢禮殺人倦宜徹俎燕坐〔疏〕司馬至公許○釋曰自此盡反位坐論徹俎升坐安燕之事遂適西階上北面告于賓賓北面取俎以出諸公卿取俎如賓禮

遂出授從者于門外自其從者大夫降復位門東北面位

疏大夫降復位○注門東北面位○釋曰云大夫降者大夫雖無俎以賓及公卿皆送俎不可獨立於堂故降復位云門東北面位者謂初小臣納卿大夫門東北面揖位案下文賓諸公卿皆入門東面北上謂在西階下知大夫不復在西階下位者以其言復位者復前位其西階下舊無位故知非西階下若然公卿入西階下鄭云諸公卿不入門而右以將燕亦因從賓者也大夫以公卿未入不可猶居西階故在門東北面位也

庶子正徹公俎降自阼階以東降自阼階若親徹也以東去藏賓諸公卿皆入門東面北上諸公卿不入門而右以將燕亦因從賓司正升賓賓諸公卿大夫皆說屨升就席公以賓及卿大夫皆坐乃安鄉命以我安臣於君尚猶踧踖至此乃敢安羞庶羞羞進也庶衆也所進衆羞謂膳肝膋狗胾醢也或有炮鼈膾鯉雉兔鶉鴽

疏羞庶羞○注羞進至鶉鴽○釋曰知有膳肝膋者此大射先行燕禮

燕法其牲唯有狗又案内則云肝膋取狗肝一幪之以其膋濡炙之舉燋其膋不蓼注云膋腸閒脂故知此𦵔中有肝膋也又知有狗胾醢者以其公食大夫有牛胾炙羊胾炙豕胾炙此燕無三牲故知胾醢亦用狗知有炮鱉膾鯉者案六月詩云吉甫燕喜既多受祉又云飲御諸友炰鱉膾鯉故知有此也公食大夫有王事之勞乃有之故六月詩鄭注以吉甫遠從鎬地來又日月長久今飲之酒使其諸友恩舊者侍之又加其珍美之饌所以極勸之也是有王事之勞乃有之無王事之勞則無故公食大夫不見也又知有雉兔鶉鴽者公食大夫二十豆有此四者此仍引内則上大夫二十豆者不引二十豆盡以其二十豆有三牲之物此狗故唯引此四者

大夫祭薦燕乃祭薦不敢於盛成禮

疏 大夫祭薦。注燕乃至成禮。釋曰云燕乃祭薦不敢於盛成禮者此大夫卑不敢與公卿同時於盛成禮也

司正升受命皆命公曰衆無不醉賓及諸公卿大夫皆興對曰諾敢不醉皆反位坐皆命者命賓命諸公命卿大夫皆鄉其位也興對必降席敬也司正退立西序端

疏 司正至位坐。注皆命至序端。釋曰云興對

必降席者經直云興不言降席鄭知降席者以爲反坐故知降席也言敬也者決上文司正命賓與大夫以我安雖未坐不云降而對故以此爲敬若然上不降席者彼直云安未盡殷勤故不降此命使醉是盡殷勤故興降加敬也知司正退立西序端者案司正監酒此將獻士事未訖亦如鄉飲酒監旅時立于西序端也

主人洗酌獻士于西階上士長升拜受觶主人拜送獻士用觶士賤也今文觶作觚

疏 主人至拜送。注獻士至作觚。釋曰自此盡奠于篚論獻士及祝史等之事云獻士用觶士賤也者言獻士用觶對上獻大夫已上。觚觶二升觶三升用大者賤用小者尊故云士賤也

士坐祭立飲不拜既爵其他不拜坐祭立飲其他謂衆士也升不拜受爵

疏 注其他至受爵。釋曰云其他謂衆士也者長謂士中之長者云士謂長已下下云其他謂衆士者亦謂二十七士以其下經旅食謂庶人在官故知此非府史以下

乃薦司正與射人于觶南北面東上司正爲上司正射人士也以齒受獻既乃薦之也司正大

射正也射人小〔疏〕注司正至其佐。釋曰案燕禮薦司正射正畧其佐與射人一人司士一人執冪二人此不言其數又不言司士與執冪者以射人是小射正非一人互見執事執事者皆同獻不言其數不言執冪者二人文不具

辯獻士士既獻者立于東方西面北上乃薦士士既獻易位者以卿大夫在堂臣位尊東也畢獻薦之畧賤〔疏〕注士既至畧賤。釋曰云畢獻薦之畧賤者案上獻士士立飲是畢獻訖乃云乃薦司正與射人于觶南是獻士又獻司正已下若然薦士當在乃薦司正上至此言之者其實薦士在乃薦司正上今此更言士得獻訖立在東方立畢乃薦不畢獻待司正薦乃薦士也是以薦司正言乃者綏辭明司正已下薦在士後也

祝史小臣師亦就其位而薦之亦者亦士也辯獻乃薦也祝史門東北面東上

主人就士旅食之尊而獻之旅食不拜受爵坐祭立飲主人既酌西面士旅食北面受之不洗者於賤〔疏〕注主人至畧之。釋曰知主人既酌西面士旅食北面受之者以其不可背君南面授故知位之如

此若然大史等亦北面則亦西面授酒也其小臣師等案上文位在阼階東面自然北面授主人執虛爵奠于篚復位賓降洗升媵觶于公酌散下拜公降一等小臣正辭賓升再拜稽首公荅再拜賓受公賜多矣禮將終宜勸公序厚意也今文觶爲觚公荅拜無再拜〔疏〕賓降至再拜。釋曰自此盡旅酬論賓舉爵爲士舉旅行酬之事。注賓受至再拜。釋曰云賓受公賜多矣禮將終宜勸公序厚意也者上文爲賓爲卿爲大夫舉旅皆臣自致爵今此其賓爲士舉旅行酬因得爲賓致爵於君故鄭云序賓厚意也賓坐祭卒爵再拜稽首公荅再拜賓降洗象觚升酌膳坐奠于薦南降拜小臣正辭賓升成拜公荅拜賓反位反位反席也此觚當爲觶〔疏〕注反位至爲觶。釋曰自此已前賓位在西階下東面無席戶牖之間位則有席此賓升成拜不言降反位明反位者反於戶牖之間席位云此觚當爲觶者凡旅酬皆用觶獻士尚用觶故知觚當爲觶下經觚亦當爲觶公坐取賓所媵觶興唯公所賜受者如初受酬之禮降更爵洗升酌膳下再拜稽首小臣正辭升成拜公荅拜乃就席坐行之坐行之若今坐相勸酒有執爵者士有盥升主酌授之

〔疏〕有執爵者○注士有至授之○釋曰知士有盥升者以其爲公卿大夫使行旅不可不絜知是士者案下文云士有執膳爵者有執散爵者故知士有盥升主酌授之

唯受于公者拜公所賜者拜其餘則否司正命執爵者爵辯卒受者興以酬士欲令惠均

〔疏〕注欲令惠均○釋曰以堂上公卿大夫旅徧升堂下之士故云欲令惠均也

大夫卒受者以爵興西階上酬士士升大夫奠爵拜受荅拜興酬士者士立堂下與上坐者異也

〔疏〕注興酬至異也○釋曰云興酬士者決向來堂上相旅皆

坐相酬執爵者行之大夫未能受酬者輒興西階上故鄭云士立堂下與上坐者異也 大夫立卒爵不拜實之士拜受大夫拜送士旅于西階上辯 祝史小臣師旅食皆及焉 疏 注祝史至及焉○釋曰鄭知祝史與以下皆得旅酬者前得獻祝史與旅皆得獻明此旅酬得之可知 士旅酌 旅序也士以次自酌相酬無執爵者 疏 士旅酌○注旅序至爵者○釋曰云無執爵者對上文卿大夫等有執爵者以其坐故也士無執爵者以其賤不坐故以次自酌以相酬無執爵者也 若命曰復射則不獻庶子 獻庶子則正禮畢後無事 疏 注獻庶至無事○釋曰獻酬之禮庶子以下最後得獻若獻庶子之後正禮畢不得更有射事故命復射在獻庶子之前 司射命射唯欲 司射命賓及諸公卿大夫射欲者則射不欲者則止可否之事從人心也 疏 注司射至心也○釋曰此乃三番射後爵行無筭非直懈怠復有醉者是以不可恣心所欲 卿大夫皆降再拜稽首公苔拜 拜君樂與臣下執事無已不言賓賓從羣臣禮在上 疏

注拜君至在上○釋曰云不言賓賓從羣臣禮在上者謂初酬賓直言賓再舉旅言若長不專於賓已是禮殺第二舉旅云唯公所賜若賓若長至此賓士舉旅直云唯公所賜復不言若賓若長賓從羣臣禮在上

壹發中三侯皆獲其功一也而和者益多尚歡樂也矢揚觸或有參中者疏○注其功至中者○釋曰上文第二番第三番唯公得中三侯皆釋獲至此燕後復射禮殺臣與君同是以鄭云和者益多尚歡樂也云其功一也者謂三侯所中皆是功故云一也云矢揚觸或有參中者有卿大夫主射參侯士主射豻侯其中或揚觸容中別侯皆與釋

主人洗升自西階獻庶子于阼階上如獻士之禮辯獻降洗遂獻左右正與內小臣皆於阼階上如獻庶子之禮庶子既掌正六牲之體又正舞位授舞器與膳宰樂正聯事又掌國子戒令教治世子之官也左右正謂樂正僕人正也位在中庭之左右小樂正在頌磬之北右也工在西即北面工遷於東則東面大樂正在笙磬之北左也工在西則西面工遷於東則北面僕人正相大師工升堂與其師士降立於小

樂正之北北上工遷於東則陪其工後國君無故不釋縣二正君之近官也內小臣奄人掌君陰事陰令后夫人之官也獻三官於阼階別內外臣也同獻更洗以時事不聯也獻正下及內小臣則磬人鍾人鏄人鼓人僕人師僕人士盡獻可知也庶子內小臣位在

【疏】

主人至之禮○注庶子至西上小臣師之東少退西上○釋曰云小樂正在頌磬之北右也工在西即北面者工在西謂遷樂於下時大師少師上工立於鼓北也云工遷於東則東面者案上遷樂於東之時首云大師少師上工皆東坫之東不見小樂正從之明西在西縣之北東面向工矣云大樂正在笙磬之北左也工在西則西面者案上文司射東面命樂正單言樂正者謂大樂正旣東面命之則大樂正元立於東矣以其工在西階下故知西面向之矣云工遷於東則北面者案上文樂正及位大師旣西面明樂正北面可知是以鄉射工遷於東西面北上樂正北面立于其南此亦與彼同北面也云國君無故不釋縣二正君之近官也言此者人君路寢之廷樂縣不釋樂正與僕人正同掌樂事是君之近官也云同獻更洗以時事不聯也者以其雖同獻於阼階上獻有前後故更爵洗之是以云時事不聯也云庶子內小臣位在小臣師之東者案公食堂上夾北有宰夫內宰在東北此射禮堂上夾北無宰位又案

執事者堂上又非樂人不得在樂正位以其與小臣師同名小臣故知小臣師之東也又云少退西上者見公食在宰東北少退故知此亦少退知西上者以此位皆西上故也無筭爵筭數也爵行無次數唯意所勸醉而止〔疏〕無筭爵○釋曰自此盡無筭樂論爵與樂恣意無數之事士也有執膳爵者有執散爵者執膳爵者酌以進公公不拜受執散爵者酌以之公命所賜所賜者興受爵降席下奠爵再拜稽首公荅再拜席下席西受賜爵者以爵就席坐公卒爵然後飲酬之禮爵代舉今爵並行嫌不代也並行猶代者明勸惠從尊者來〔疏〕注酬之至者來○釋曰凡行酬之法轉爵遞飲今膳散兩有宜得即飲猶待公卒爵乃飲猶代飲然明惠從公來嫌得即飲不代故著嫌不卒爵然後飲故曰嫌不代執膳爵者受公爵酌反奠之燕之歡在飲酒成其意也〔疏〕注燕之至意也○釋曰云燕之歡在

飲酒者謂安燕之歡正在於飲酒故受公爵者更酌反奠於公所擬公更賜爵是其歡燕成之意也受賜者興授執散爵者執散爵者乃酌行之與其所勸者唯受于公者拜卒爵者興以酬士于西階上士升大夫不拜乃飲實爵乃猶而也〔疏〕注乃猶而也○釋曰鄭轉乃爲而者乃是緩辭於禮不切故爲之也士不拜受爵大夫就席士旅酌亦如之公有命徹冪則賓及諸公卿大夫皆降西階下北面東上再拜稽首命徹冪者公意殷勤欲盡酒公命小臣正辭公荅拜大夫皆辟升反位升不成拜於將醉正臣禮〔疏〕注升不至臣禮○釋曰於例臣於堂下再拜稽首得小臣以君命辭其拜不成當升成拜今直升不成拜者以其拜於下是臣之正禮故鄭云於將醉正臣禮士終旅於上如初卿大夫降而爵

止於其反席卒之（疏）注卿大至卒之○釋曰上文卿大夫酬辯始酬士公命徹冪公卿以下降而爵止是以卿大夫升反席士以下相酬而卒之

無筭樂升歌閒合無次數唯意所樂

宵則庶子執燭於阼階上司宮執燭於西階上甸人執大燭於庭閽人爲燭於門外宵夜也燭燋也甸人掌共薪蒸者庭大燭爲其位廣也爲作也作燭俟賓出（疏）宵則庶子執燭○釋曰自此盡篇終論禮畢容公卿出入之事

賓醉北面坐取其薦脯以降取脯重得君之賜奏陔陔夏樂章也其歌頌類也以鍾鼓奏之其篇今亡

賓所執脯以賜鍾人于門內霤遂出必賜鍾人鍾人以鍾鼓奏陔夏賜之脯明雖醉志禮不忘樂（疏）賓所至遂出○釋曰案鄉飲酒鄉射賓出無取脯賜鍾人之事者彼是臣禮此爲君法故詳畧不同

卿大夫皆出從賓出

公不送臣也與之安燕交歡嫌亢禮也（疏）公不送○注臣也至禮也○釋曰案燕義云使宰夫爲獻主臣

莫敢與君亢禮歸鄉來安燕交歡君若送之是臣與君亢禮故君不送賓也故燕禮注云賓禮訖臣禮是也公入驁驁夏亦樂章也以鍾鼓奏之其詩今亡此公出而言入者射宮在郊以將還爲入燕不驁者於路寢無出入也

疏公入驁○注驁夏至入也○釋曰云驁夏亦樂章也者案周禮鍾師有九夏皆樂章其中有驁夏如陔夏故云亦樂章也云以鍾鼓奏之者案鍾師以鍾鼓奏九夏鄭云先擊鍾次擊鼓故云以鍾鼓奏之云其詩今亡者鄭注鍾師云九夏皆詩篇名頌之族類也此歌之大者載在樂章樂崩亦從而亡是以頌不能具是其今亡云此公出而言入者射宮在郊以將還爲入者天子射在虞庠周之小學在西郊案鄉射記於郊則閭中鄭注云諸侯大學在郊是諸侯大射所故言入者射宮在郊以將還爲入也鄭知燕在路寢者燕禮記云燕朝服於寢與羣臣賓客燕不合在燕寢故知從路寢也此篇所解多不具者以其諸侯大夫射先行燕禮大射三番多依鄉射是以與禮同者於此不復重釋之也

儀禮卷第七　經六千八百九十　注七千三百八

儀禮疏卷第十八

江西督糧道王賡言廣豐縣知縣阿應麟栞

儀禮注疏卷十八校勘記　阮元撰盧宣旬摘錄

諸公卿

至三耦之南　通解同毛本至下有其字

公將射

君尊若始焉　毛本作君尊若爲始者

公就物

司射請立司正　毛本射作舍要義作射毛本請作親諸本俱作請○按作請是也

則司射又與大射正爲一人　要義同毛本又作人

小臣正贊袒　袒重脩監本誤作祖

乃云公袒朱襦　毛本袒誤作襦

乃設拾　通解要義同毛本設作決

卒射

司射不告者　徐本通解同毛本不下有言字

司射適階西〇北面視筭　視釋文作眂云本亦作視

每委異之

易校數　徐本通解同毛本校作枝陳閩監葛俱誤作效

東面坐

少北於故　徐陳通解同毛本北作比

若左右鈞〇賓八筭于中　賓石經補缺誤作貧

司射遂袒執弓　唐石經徐本楊敖同毛本無遂字

不勝者皆襲

欲與勝者　通解陳本同毛本欲上有都字閩監俱作郤

三耦及衆射者

雖不飲爵　要義同毛本通解飲下有罰字

若不數中　要義通解同毛本數誤作教

小射正○勝者先升升堂少右　升通解不重

不勝者進

明知未飲時　通解同毛本未誤作來

與升飲者相左○退俟于序端　毛本俟誤作次

若賓諸公卿大夫

以其大夫在堂上　毛本無其字

僕人師洗升實觶　毛本實作賓唐石經徐本通解楊敖俱作實是也

若飲公

兕觥角爵　要義同毛本角作司與毛傳不合

故云角觶謂賓酌如兕自飲君卽下文賓降洗象觶亦從獻酬之爵不敢用罰爵也　要義同通解畧有刪潤與此稍異毛本作故云角爵也無觶謂以下二十九字非也

賓坐

故云象　毛本象作也按象字是

若諸公卿大夫之耦

以尊與卑爲耦　徐本楊氏同毛本通解無與卑二字

司宮尊侯

但聖人設法　要義同毛本設法作射決

二升曰觚　閩監本通解同毛本觚作觗

司馬正洗散

皆以事名之　毛本名誤作明

司馬正西面拜送爵

卒爵禮祭侯訖　毛本侯上有諸字

亦兼獻徒　毛本獻下有其字

獲者右執爵

强飲强食 徐本同毛本强作彊

祭胇不奠爵 要義同毛本胇下有皆字

今祭俎不奠 奠下要義有爵字

是以知祝辭有異 毛本異作之

適左个

注鄉射至三祭 毛本鄉射作先祭○按毛本是

卒祭

此鄉受獻之位也 徐本楊敖同毛本鍾本通解此俱作北

司馬師受虛爵

舉尊而言也 也要義作之

以獻大侯服不獲者　要義同毛本通解以作已

明此經獲者是糝侯豻侯可知　要義同通解作明此是糝侯豻侯之獲者可知

毛本此作知餘與通解同

受獻先言隸僕人　要義同毛本受作交

卒司馬師受虛爵　唐石經徐本通解楊敖同毛本無師字

司射適階西　毛本適誤作釋

辟中　徐本通解楊敖同毛本辟作辨

歸功於侯　通解同毛本於下有此字

反揖扑適次

云鼏言拾者　鼏閩本作鄉

謂第一射時　毛本一下有番字

司射先反位

乃出反次外西面位　位楊氏作立

三耦未有次位　徐本同毛本通解次下有外字與疏合

三耦次外　毛本外下有位字

是以決之　通解同毛本決作次

三耦拾取矢　毛本三誤作二

三耦既拾取矢

司射東面于大夫西比耦　毛本比作北閩本作比按前經諸本或作比此此疏則各本皆作北疑賈氏所據之經獨爲北耳閩本作比殆因形似偶誤非有意也○按此義見前第十八葉司射東面

于大夫之西北耦徐下許宗彥說

賓升階復位還筵 通解要義同毛本賓作擯○按作賓與上文經合

大夫進坐

待大夫反位 通解待下有下字毛本反作及陳本通解俱作反皆是也

衆射者繼拾取矢 毛本繼誤作既

司射與司馬

君子之於事也 徐本通解楊氏同毛本無也字

云復用樂行之者 通解同毛本云復作一獲按云復是也

證射用應樂而爲難之意 毛本無樂字

樂正曰諾○北面視上射 唐石經徐本通解楊敖同毛本視作眡按釋文于前視算作眡注云

本亦作視于此無則亦作視也眡當从目从耳非也

五聲不得不和　徐本通解楊氏同毛本無五聲二字非也

是其投壺存者　通解要義同毛本無其字

大師不興○公樂作而后就物　毛本后誤作後

意所儗度也　毛本儗作擬釋文徐本俱从人與述注合

證志是意所儗度也　儗毛本作擬

司射命設豐

尚鏃　毛本通解作而鏃向上四字○按尚鏃是也

此言面鏃不言兼弦弣　毛本無鏃不言三字

大夫降復位

故在門東北面位也毛本無位字○按有位字與注合

司正升賓○皆說屨毛本屨誤作屨

羞庶羞

或有炮鼈膾鯉炮嚴本作炰釋文徐本俱作炮釋文云炮或作𤓰炰

脊腸閒脂毛本脂誤作腊

知有炮鼈膾鯉者要義炮作炰

炰鼈膾鯉陳閩監本要義同毛本炰作炮○按作炰與詩合

使其諸友恩舊者侍之要義同毛本侍作待○按作侍與毛詩六月箋合

司正升受命

未盡殷勤通解同毛本殷勤作慇懃下同

此將獻士毛本通解士作主非也

主人洗酌

對上獻大夫已上觚要義同毛本已上作用字通解已上之下仍有用字

乃薦司正

又不言司士與執冪者以射人是小射正非一人互見執事執事者皆同獻不言其數不言執冪者二人文不具自以射至冪者二十九字毛本脫

賓降洗升

無再拜按拜字疑衍

賓坐祭○公荅拜賓反位唐石經徐本通解要義敖氏同毛本無賓字石經考文提要云上云

賓升成拜升與反位相承

公坐○如初受酬之禮　毛本酬誤作成

有執爵者

士有執膳爵者　通解同毛本膳下有散字○按下文無散字

有執散爵者　通解同毛本無散字○按下文有散字

司正命執爵者

幷堂下之士故云欲令惠均也　毛本無故云欲令惠均也六字

大夫立卒爵

得之可知　要義同毛本得下有獻字

司射命射唯欲

非直懈怠　非直此本倒依毛本訂正

卿大夫皆降

不專於賓已　毛本已作也

若長　此下二十五字此本唯有從羣臣禮在上六字依毛本通解補入

壹發

而和者益多　徐本通解楊氏同毛本益作亦○按益與疏合

尚歡樂也　歡陳本作勸

上文第二番　通解同毛本上文作士云陳閩俱作上云

主人洗升

不見小樂正從之　陳本通解同毛本小作少

按上文樂正及位 浦鏜云反誤及

無算爵

論爵與樂悉意無數之事 毛本無樂字

受賜爵者

故書嫌不卒爵 要義同毛本作故必卒爵通解與毛本同

執膳爵者

成之意也 之陳閩通解俱作其

唯受于公者拜

故爲之也 陳閩通解同毛本之作而

士不拜受爵〇北面東上 石經補缺誤作北北面上

宵則庶子執燭於阼階上

侯賓出 徐陳通解同毛本侯作候

賓所執脯

此爲君法 毛本同陳閩俱作此謂君臣法○按上句云彼是臣禮故云此爲君法陳本閩本並誤衍臣字

公不送

臣禮是也 浦鏜云是臣誤臣禮○按或當作是臣也無禮字

儀禮注疏卷十八挍勘記終

春新余成教挍

儀禮疏卷第十九　　儀禮卷第八

唐朝散大夫行大學博士弘文館學士臣賈公彦等撰

聘禮第八〔疏〕

聘禮第八○鄭目錄云大問曰聘諸侯相於久無事使卿相問之禮小聘使大夫周禮曰凡諸侯之邦交歲相問殷相聘也世相朝也於五禮屬賓禮大戴第十四小戴第十五別錄第八○釋曰鄭云大問曰聘者則此篇發首所論是也云久無事者案下記云久無事則聘焉注云事謂盟會之屬若有事事上相見故鄭據久無事而言云小聘使大夫者下經云小聘曰問其禮如爲介三介是也周禮曰者大行人文鄭彼注小聘曰問殷中也久無事又於殷朝者及而相聘也父死子立曰世凡君即位大國朝焉小國聘焉此皆所以習禮考義正刑一德以尊天子也必擇有道之國而就脩之然歲相問殷相聘聘義所云比年小聘三年大聘是也大行人云上公九介侯伯七介子男五介又云凡諸侯之卿其禮各下其君二等聘義上公七介侯伯五介子男三介是諸侯之卿介各下其君二等者也若小聘曰問使大夫又下其卿二等此聘禮是侯伯之卿大聘以其經云五介上介奉束錦士介四人皆奉玉錦又云

人竟張旜孤卿建旜據侯伯之卿之聘者必見侯伯之卿聘者周公作經互見爲義此見侯伯之卿大聘玉人云瑑圭璋八寸璧琮八寸以覜聘上公之臣公食大夫俎實云倫膚七據子男之臣是各舉一邊而言明五等俱有是其互見爲義也

儀禮　鄭氏注

聘禮君與卿圖事圖謀也謀聘故及可使者謀事者必因朝其位君南面卿西面大夫北面士東面

【疏】聘禮至圖事○注圖謀至東面○釋曰自此盡官具論聘人及用幣之事云謀聘故及可使者謀聘者爲久無事須聘故謂有事故或因聘或特行若記云若有故則卒聘束帛加書將命是因聘者也晉侯使韓穿來言汶陽之田之類是特行者也言及可使者謂於三卿之中選可使者即經云遂命使者是也其摠三事皆須謀者也言謀事者必因朝者欲取對衆共詢之意云其位君南面已下知面位然者此儀禮之內見諸侯三朝燕朝燕禮是也又射朝大射是也不見路門外正朝正朝當與二朝面位同案燕禮大射皆云卿西面大夫北面士東面公降階南面揖之是以知正朝面位然也若天子三朝射人見射朝司士見正朝不見燕朝以諸侯正朝與燕朝同明天子燕朝亦與正朝同

也遂命使者遂猶因也既謀其人因命之也聘使卿〔疏〕遂命使者○注遂猶至使卿○釋曰云既謀其人因命之也者謂謀其人人亦在謀事之中故云因命即上注可使者是也云聘使卿者以其經云及竟張旝周禮司常云孤卿建旝故知使卿也若然使者自在謀內審知所聘之國遠近何以下記云使者既受行出遂見宰問幾月之資注云古者君臣謀密草創未知所之遠近問行用多少但所謀之時經云出聘不言其國使者不得審知故更問之是以左氏見公子季札遂聘齊晉衛鄭之等下文云無行則重賄反幣是亦有歷聘之事也使者拜稽首辭辭以不敏〔疏〕使者至首辭○注辭以不敏○釋曰云辭以不敏者鄭取孝經曾子曰參不敏之辭爲義也君不許乃退退反位也受命者必進〔疏〕君不許乃退○注退反至必進○釋曰知受命者必進者以其云退故知進乃有退法是受命前進近君也既圖事戒上介亦如之既已也戒猶命也已謀事乃命上介難於使者易於介〔疏〕既圖至如之○注既已至於介○釋曰既謀事乃命介在謀後別命之謀使者是難謀後命介是易也宰命司馬

戒衆介衆介皆逆命不辭宰上卿貳君事者也諸侯謂司徒爲宰。衆介者士也士屬司馬周禮司馬之屬司士掌作士適四方使爲介逆猶受也

疏宰命至不辭○注宰上至受也○釋曰天子有六卿天地四時之官是諸侯兼官而有三卿立地官司徒兼冢宰立夏官司馬兼春官立冬官司空兼秋官是以左氏杜泄云吾子爲司徒叔孫爲司馬孟孫爲司空故禮記內則云后王命冢宰降德于衆兆民鄭云周禮冢宰掌飲食司徒掌十二教今。一云冢宰記者據諸侯也諸侯并六卿爲三或兼職焉是其諸侯并六卿爲三諸侯以司徒爲冢宰義與此同宰上卿貳君事諸侯謂司徒爲宰者也云士屬司馬引周禮者案司士屬司馬而云作士適四方使爲介諸侯之司馬亦然故引以證諸侯司馬戒衆介也云不辭者是其副使之賤者故不敢辭

宰書幣書聘所用幣多少也宰又掌制國之用

疏宰書幣○注書聘至之用○釋曰宰即上命司馬兼官者也云書聘所用幣多少也者謂聘鄰國享君及夫人問卿之等幣周禮司儀云凡諸侯之交各稱其邦而爲之幣以其幣爲之禮鄭云幣享幣也於大國則豐於小國則殺是也云宰又掌制國之用者案王制云冢宰制國用必於歲之杪是以使之書幣也

命

宰夫官具宰夫宰之屬也命之使衆官具幣及所宜齎〔疏〕命宰夫官具○注宰夫至宜齎○釋曰所命者冢宰司徒命之以宰夫屬司徒周禮宰夫掌百官府之徵令故命諸官云官具者謂使宰夫命諸官各具所行幣幣在官之府其司非一故言衆官幣謂享幣及問大夫問卿揔具之及所宜齎者謂行道所用多少皆是及期夕幣及猶至也夕幣先行之日夕陳幣而視之重聘也〔疏〕及期夕幣○注及猶至聘也○釋曰自此盡受書以行論陳幣付使者之事云夕幣先行之日夕知者下云厥明釋幣于禰是行日明此夕是先行之日夕也云視之者正謂賓及衆介視之故下云使者朝服帥衆介夕注云視其事是也使者朝服帥衆介夕視其事也古文帥皆作率管人布幕于寢門外管猶館也館人謂掌次舍帷幕者也布幕以承幣寢門外朝也古文管作官今文布作敷〔疏〕管人至門外○注管猶至作敷○釋曰云館人謂掌次舍帷幕者也者案天官有掌舍掌次幕人等掌次云有邦事則張幕設案掌舍職云爲帷宮設旌門又幕人云掌帷幕幄帟綬之事鄭云在旁曰帷在上曰幕幕或在地展陳于上即此布幕是也館人即彼掌舍則諸侯兼官故鄭

揔言之也。云「幕以承幣」者，即下文「官陳幣」是也。云「寢門外朝也」者，謂路門外即正朝之處也。下記云「宗人授次，次以帷」，則館人與宗人共掌之，若賓客則宗人掌之也。

官陳幣：皮北首西上，加其奉於左皮上；馬則北面，奠幣于其前。奉所奉以致命，謂束帛及玄纁也。馬言則者，此享主用皮，或時用馬，馬入則在幕南。皮馬皆乘。古文奉爲卷，今文無則。

【疏】「官陳」至「其前」。○注「奉所」至「無則」。○釋曰：云「官陳幣」者，即上文「官具」者也，館人布幕於地，官陳幣於其上。云「奉所奉以致命，謂束帛及玄纁也」者，所奉謂後享時奉入以致命，故知是以下文享時所致束帛加璧以享君，玄纁加琮以享夫人。鄭不言璧琮者，璧琮不陳，厥明乃授之也。云「馬言則者，此享主用皮，或時用馬」者，主用皮謂有皮之國，國無皮者乃用馬，故下云「庭實皮則攝之」，鄭注「皮言則者，或用馬也」。記云「皮馬相閒可也」，注「閒猶代也，土物有宜也」。云「馬入則在幕南」者，以經云「馬則北面奠幣于其前」也，是馬在幕南，故下展幣時云「馬則幕南北面奠幣于其前」也。知「皮馬皆乘」者，案下賓覿時云「緫乘馬」，又云「禮玉束帛乘皮」，是皆乘也。

使者北面，衆介立于其左，東上。既受

行同位也〔疏〕使者至東上○注既受至幕南○釋曰云既受行同位者對未受命行已前卿大夫士面位各異是以記云使者既受行日朝同位鄭注云謂前夕幣之間同位者使者北面介立于其左少退別其處臣也是也知在幕南者幣在幕上使者須視幣故在幕南也

卿大夫在幕東西面北上大夫西面辟使者〔疏〕卿大至北上○注大夫至使者○釋曰此謂處者大夫常北面今與卿同西面故云辟使者

宰入告具于君君朝服出門左南鄉入告入路門而告〔疏〕注入告至而告○釋曰朝在路門外故知入路門至路寢而告君以其在路寢聽政處故也

史讀書展幣展猶校錄也史幕東西面讀書賈人坐撫其幣每者曰在必西面者欲君與使者俱見之也〔疏〕史讀書展幣○注展猶至之也○釋曰知史幕東西面者以其君南面使者北面故知幕東西面讀之可知是以鄭云欲君與使者俱見之也知賈人撫幣者以其賈人主幣行者故知賈人撫幣受之其幣謂官具之者非直所奉而已若然賈人當在幕西東面撫之亦欲使君與賓俱見之也

宰執書告備具于

君授使者，使者受書，授上介。史展幣畢，以書還授宰，宰既告備，以授使者。其受授皆北面。〔疏〕注「史展」至「北面」。○釋曰：云「史展幣畢，以書還授宰」者，以其宰在幕東西面，史居前西面讀書展幣，展幣訖，明迴還授宰，宰以書授使者。云「其受授皆北面」者，當宰以書授使者之時，宰來至使者之東北面授使者，使者北面授介，三者皆北面向君故也。

公揖入。揖禮羣臣。〔疏〕「公揖入」。○釋曰：以展幣授使者訖，禮畢，故入於寢也。

官載其幣，舍于朝。待旦行也。〔疏〕「官載」至「于朝」。○注「待旦行也」。○釋曰：此云官，謂官人從賓行者，與前官陳幣者異。必知行者，以下文入竟又展之，又有司展羣幣以告，注云「有司載幣者，自展自告」是也。云「待旦行」者，下文「厥明釋幣，遂行」是也。

上介視載者。監其安處之，畢乃出。〔疏〕「上介視載者」。○注「監其」至「乃出」。○釋曰：經直云「上介視載者」，注云「監其安處之，畢乃出」，不言餘人出，則上文舍於朝不出，待旦則行，以其須守幣故也。

所受書以行。爲當復展。〔疏〕「所受書以行」。○注「爲當復展」。○釋曰：書謂前宰授使者，此書將行，爲當復展故也。

厥明，賓朝服釋幣于禰。

告爲君使也賔使者謂之賔尊之也天子諸侯將出告羣廟大夫告禰而已凡釋幣設洗盥如祭〔疏〕厥明至于禰○注告爲至如祭○釋曰自此盡亦如之論賔與上介將行告禰之事云朝服者卿大夫朝服祭故還服朝服告也云天子諸侯將出告羣廟者案禮記曾子問云孔子曰諸侯適天子必告于祖奠于禰注云皆奠幣以告之是諸侯出告羣廟案彼下文又云孔子曰天子諸侯將出必以幣帛皮圭告于祖禰遂奉以出是天子與諸侯同告羣廟之事云大夫告禰而已者大夫三廟降天子不得並告故直告禰而已若父在則告祖知者下記云賜饔唯羮飪筮一尸若昭若穆注云筮尸若昭若穆容父在父在則祭祖父卒則祭禰以此言之明初行時父在釋幣於祖廟可知案昭元年楚公子圍聘於鄭云布几筵於莊共之廟而來服氏云莊謂楚莊王圍之祖共王圍之父是大夫並告羣廟者彼不告聘直告娶故得並告古者大夫得因聘而娶故傳云且娶於公孫段氏是也云凡釋幣設洗盥如祭者案曾子問云凡告用牲幣注云牲當爲制則告無牲直用幣而已但執幣須絜當有洗而盥手其設洗如祭祀之時亦洗當東榮南北以堂深水在洗東篚在洗西必知無祭事者下文還時云乃至于禰筵几于室薦脯醢觴酒陳鄭云行釋幣反釋奠畧出謹人是其差也

有

司筵几于室中祝先入主人從入主人在右再拜祝告又再拜更云主人者廟中之稱也祝告告以主人將行也〔疏〕有司至再拜○注更云至行也○釋曰云更云主人者廟中之稱也者上云賓至此更云主人是廟中之稱故特牲少牢皆稱主人對聘稱賓也釋幣制玄纁束奠于几下出祝釋之也凡物十曰束玄纁之率玄居三纁居二朝貢禮云純四只制丈八尺〔疏〕釋幣至下出○注祝釋至八尺○釋曰知祝釋幣者案曾子問君薨而世子生大祝裨冕執束帛升自西階命無哭告曰某之子生敢告奠幣於殯東則知此亦大祝釋之可知也云凡物十曰束者案昏禮玄纁束則每卷二丈自餘行禮云束者每卷一丈八尺爲制幣帛錦十卷者皆名束至於脯十脡亦曰束故云凡物十曰束也云玄纁之率玄居三纁居二者言率皆如是也玄三纁二者象天三覆地二也云朝貢禮云純四只制丈八尺者純謂幅之廣狹制謂舒之長短周禮趙商問只長八寸四八三十二幅廣三尺二寸大廣非其度鄭志荅云古積畫誤爲四當爲三三咫則二尺四寸矣雜記云納幣一束束五兩兩五尋然則每卷二丈若作制幣

者每卷丈八尺爲制合卷爲匹也

主人立于戶東祝立于牖西少頃之間示有俟於神〔疏〕注少頃至於神○釋曰案士虞禮無尸者出戶而聽若食閒此無祭事故云有俟於神也

又入取幣降卷幣實于笲埋于西階東又入者祝也埋幣必盛以器若藏之然

又釋幣于行告將行也行者之先其古人之名未聞天子諸侯有常祀在冬大夫三祀曰門曰行曰厲喪禮有毀宗躐行出于大門則行神之位在廟門外西方不言埋幣可知也今時民春秋祭祀有行神古之遺禮乎〔疏〕又釋幣于行○注告將至禮乎○釋曰云行者之先其古人之名未聞者此謂平地道路之神云古人名未聞者謂古人教人行道路者其人名字未聞云天子諸侯有常祀在冬者月令祀行是也言此者欲見大夫雖三祀有行無常祀因行使始出有告禮而已至於出城又有軷祭祭山川之神喩無險難也大夫三祀曰門曰行曰厲者見祭法文云喪禮有毀宗躐行出于大門者檀弓文案彼云掘中霤而浴毀竈以綴足及葬毀宗躐行出于大門殷道也下文周極入毀宗雖不云躐行亦有行可知所毀者毀廟門西而云躐行明行神在廟門西矣不云埋幣可

儀禮注疏卷二十九

知者承上宗廟埋之此亦埋可知云今時民春秋祭祀有行神古之餘禮乎者鄭以行神無正文雖約檀弓猶引漢法爲況乎者猶疑之矣若然城外祭山川之神有軷壇此禮行神亦當有軷壇是月令冬祭行注云行在廟門外之西爲軷壇厚二寸廣五尺輪四尺是也

遂受命賓須介來乃受命也言遂者明自是出不復入

〔疏〕遂受命○注賓須至復入○釋曰下云上介及衆介俟于使者之門外是其賓須介來乃受命也云自是出不復入者自釋幣於門不復更入若然則待介於門矣

上介釋幣亦如之如其於禰與行

上介及衆介俟于使者之門外俟待也待於門外東面北上

〔疏〕上介至門外○注俟待至北上○釋曰自此盡斂旜爲使者與介向君朝受命即行之事知待於門外東面北上者上云賓釋幣訖不復入則介待賓於大門外賓出則向君也言東面北上者依賓客門外之位

使者載旜帥以受命于朝旜旌旗屬也載之者所以表識其事也周禮曰通帛爲旜又曰孤卿建旜至於朝門使者北面東上古文旜皆爲膌

〔疏〕使者至于朝○注旜旌至爲膌○釋曰云載之者所以表識其事者人見張旜則知

是孤卿爲使之事是表識其事也云周禮曰者司常文云至於朝門者凡平諸侯三門皐應路路門外有常朝位下文君臣皆朝列位乃使卿進使者使者乃入至朝即此朝門者皐門外矣知北面東上者還依展幣之位也

君朝服南鄉卿大夫西面北上君使卿進使者

進之者使者謙不敢必君之終使已

〔疏〕君朝服至使者○注進之至使已○釋曰此還依展幣之位知大夫與卿同西面避賓下文使者還亦同展幣北面東上位

使者入及衆介隨入北面東上君揖使者進之上介立于其左接聞命

進之者有命宜相近也接猶續也

賈人西面坐啓櫝取圭垂繅不起而授宰

賈人在官知物賈者繅所以藉圭也其或拜則奠于其上今文繅作璪

〔疏〕賈人至授宰○注賈人至作璪○釋曰云賈人在官知物賈者謂若王制云庶人之在官府史胥徒之類以知物賈故名賈云其或拜則奠于其上者故覲禮記云奠圭于繅上是也但繅有二種一者以木爲中幹以韋衣之大了五采公侯伯三采

子男二采采爲再行下記及典瑞皆有其文此爲繅也下記云絢組尺及曲禮下文執玉其有藉者則裼鄭亦爲之繅若韋版爲之者與玉於上此則無垂繅屈繅之事若絢組爲之者所以繫玉於韋版使不失墜此乃有屈垂之法則此經所云者是也案向來所注皆以韋版繅藉解之者鄭意以承玉及繫玉二者所據雖異所用相將又同名爲繅是以和合解之故以韋版爲之者以解絢組之繅也

宰執圭屈繅自公左授使者

屈繅者斂之禮以相變爲敬也自公左贊幣之義

〔疏〕宰執至使者○注屈繅至之義○釋曰云自公左贊幣之義者禮記少儀云詔辭自右贊幣自左取地道尊右之法是贊幣之義故於公左也

使者受圭同面垂繅以受命

同面者宰就使者北面並授之既授之而君出命矣凡授受者授由其右受由其左

〔疏〕使者至受命○注同面至其左○釋曰知宰就使者北面者以經言同面不見使者進文使者既先北面故知就使者北面並面授之既授與使者即言受命明知則出命矣云凡授受者授由其右受由其左者據此宰由其右授使者使者受由其左又據鄉飲酒鄉射燕禮獻酢酬皆授由其右受由其左故云凡以廣之若有所因由則有授由左

受由右是以使者反命之時宰自公左受玉鄭云亦於使者之東同面並受不右使者由便也又賓授覿時士受馬適右受鄭云適牵者之右而受由便又鄉飲酒云受爵者自介右鄭云尊介使不失故位如此者皆是變例鄭據平常行事而言也

既述命同面授上介述命者循君之言重失誤

〔疏〕既述至上介○注述命至失誤○釋曰上文授玉訖君出命命辭雖不知何語要知使者既受命使者又重述君命爲述命述命者重失誤

上介受圭屈繅出授賈人衆介不從賈人將行者在門外北面

〔疏〕上介至不從○注賈人至北面○釋曰云衆介不從者以上介送圭向外與賈人反來故衆介不從以待之云賈人將行者知者經言授賈人使受之則是行人主掌此玉故知將行者對上云賈人出玉者是留者也知在門外北面者以其使者在門外時皆北面此賈人不入明依本北面可知

受享束帛加璧受夫人之聘璋享玄纁束帛加琮皆如初享獻也既聘又獻所以厚恩惠也帛今之璧色繒也夫人亦有聘享者以其與已同體爲國小君也其聘用璋取其半圭也君享用璧夫

人用琮天地配合之象也圭璋特達瑞也璧琮有加往德也周禮曰瑑圭璋璧琮以規聘

〔疏〕受享至如初○注享獻至規聘○釋曰此經中三事上經已受聘君圭此經受享君束帛加璧又受聘夫人璋又受享夫人琮案上文夕幣時云官陳幣皮北首西上加其奉於左皮上鄭注云奉所奉以致命謂束帛及玄纁也則知所陳在陳束帛及玄纁不陳璧琮是以此經受璧而連言束帛玄纁者以其享時束帛加璧於其上玄纁加琮於其上以相配之物故兼言束帛玄纁若然璧琮右受者以其璧琮與圭璋同類尊之故也云帛今之璧色繒者周禮大宗伯云孤執皮帛鄭注亦然又案宗伯云以蒼璧禮天下云牲幣各放其器之色幣即幣帛禮天之璧用蒼色則幣帛之色亦蒼色是璧色繒於漢時云璧色繒者亦因周法則此束帛亦與璧色同以其相配但未知正用何色耳云聘用璋取其半圭知半曰璋者案周禮典瑞云四圭有邸以祀天兩圭有邸以祀地圭璧以祀日月璋邸射以祀山川以上向下差之以兩圭半四圭圭璧半兩圭璋邸射又半圭璧是半圭曰璋也云圭璋特達瑞也者聘義云圭璋特達德也鄭云特達謂以朝聘也言瑞者大宗伯云以玉作六瑞公執桓圭以下皆是瑞故尚書云班瑞於羣后言特達者不加束帛也云璧琮有加往德也者謂加於束帛之上言往

德者郊特牲云束帛加璧往德也謂以束帛加璧致厚往爲主君有德故以玉致之君子於玉比德故言往德也往德義出於彼鄭言此者欲見朝覲享用玉之意也周禮曰玉人文云瑑圭璋璧琮以覜聘者欲見此篇聘賓不用君之所執圭璋以其公則執桓圭侯執信圭伯執躬圭子執穀璧男執蒲璧臣出聘圭璋璧琮則瑑之而已無此桓信躬穀蒲之文又所執皆降其君一等故引之爲證也

遂行舍于郊於此脱舍衣服乃即道也曲禮曰凡爲君使已°受命君言不宿於家〔疏〕遂行舍于郊○注於此至於家○釋曰言遂行者受命則行不留停故云遂行言於此脱舍衣服乃即道°者上文云賓朝服告禰及遂朝君受命至此衣服未改鄭注云吉時道路深衣則此脱舍朝服深衣而行故云於此所脱舍衣服乃即道也引曲禮者見受君命及君言言別有告請之事遂行舍於郊則彼云不宿于家也

斂旜此行道耳未有事也斂藏也〔疏〕斂旜○注此行至藏也○釋曰云此行道耳未有事也者案下文云及竟張旜是有事也故此自郊已後未有事斂藏也

若過邦至于竟使次介假道束帛將命于朝曰請帥奠幣至竟而假道諸侯以國爲

家不敢直徑也將猶奉也帥猶道也請道已道路所當由〔疏〕若過至奠幣○注至竟至當由○釋曰自此盡執策於其後論過他國竟假道之事云諸侯以國爲家不敢直徑者案左氏傳僖三十三年秦師襲鄭不假道於晉爲晉所敗是其不假道直徑過天子之師行過無假道以其天子以天下爲家所在如主人故也天子微弱則有之是以周語定王使單襄公聘於宋遂假道於陳以聘楚服氏注云是時天子微弱故與諸侯相聘同是也

下大夫取以入告出許遂受幣言遂者明受其幣非爲許故也容其辭讓不得命也〔疏〕下大夫至受幣○注言遂至命也○釋曰云言遂者明受其幣非爲許故也者幣本爲行禮非爲求許若許受幣當云出許受幣不須言遂今不以許道受幣云遂是以容其辭讓不受此幣不得命遂受之故云遂也

餼之以其禮上賓大牢積唯芻禾介皆有餼凡賜人以牲生曰餼餼猶稟也給也以其禮者尊卑有常差也常差者上賓上介牲用大牢羣介用少牢米皆百筥牲陳于門內之西北面米設于中庭上賓上介致之以束帛羣介則牽羊焉上賓有禾十車芻二十車禾以秣馬〔疏〕餼之至有餼○注凡賜至

秣馬。○釋曰此謂主國所致禮云凡賜人以牲生曰餼者言凡者摠解諸文案此下經云主國使卿歸饔餼五牢云飪一牢腥二牢餼二牢陳于門西鄭注云餼生也牛羊右牽之豕束之是牲生曰餼上介及士亦皆牲生爲餼論語云告朔之餼羊鄭注亦云牲生曰餼春秋傳云餼臧石牛服氏亦云牲生是凡牲生曰餼春秋僖三十三年鄭皇武子云餼牽竭矣服氏以爲腥曰餼以其對牽故以餼爲腥詩序云雖有牲牢饔餼鄭云腥曰餼以其對生是活故以餼爲腥又不爲牲生者鄭望文爲義故注不同也餼猶稟也給也者於賓爲稟稟受也於主人爲給給賓客也云以其禮者尊卑有常差常差者上賓上介牲用大牢經不言上介知與賓同大牢者若上介與羣介同當爲介皆少牢是以下文大夫餼賓云上賓上介皆大牢米八筐衆介皆少牢米六筐是上介與賓同之義也云米皆百筥以下盡二十車皆約下文君使卿致饔餼禮若然上介與賓同大牢依大夫餼賓禮米不依大夫餼賓與上介米八筐而依君致饔餼者以此經有芻禾大夫餼賓禮無芻禾故還依主國歸饔餼之禮也案下歸饔餼上賓上介米陳于門內衆介米百筥設於門外鄭不言者畧而不辨之也云上賓上介致之以束帛羣介則牽羊者案大夫餼賓禮使者牽牛以致之上介亦如之不依此依歸饔餼者以其彼

此皆是國君禮唯牽以行道之閒不依歸饔餼之法致之用
束帛宜與歸饔餼同也云羣介則牽羊焉者致禮於士無用
束帛之法但歸饔餼則用大牢禮盛宰夫朝服牽牛以致之此
衆介皆少牢當與大夫餼賓少牢亦牽羊以致之同也無正
文故言則也上賓有禾十車芻二十車亦與下歸饔餼同也
若然大牢則上介與上賓同芻禾不同者以經上賓云唯芻
禾言唯著異明上介無也但下文設飧時大夫之禮禾視死
牢而已此餼賓用生牢不用死牢得有禾者此過國致禮異
於常禮故生致而有芻禾也以芻
薪倍禾故禾十車芻二十車也

士帥沒其竟沒盡誓于其竟賓南面上介西面衆介北面東上史讀書司馬執策立于其後此使次介假道○止而誓也賓南面專威信也史於衆介之前北面讀書以勑告士衆爲其犯禮暴掠也禮君行師從卿行旅從司馬主軍法者執策示罰

【疏】誓于至其後○注此使至示罰○釋曰此誓當在使次介假道之時止而誓
言今在士帥沒其竟之後言之者此文因上設彼國禮法訖
乃更却本而言之不謂此士帥沒竟後是以鄭云此使次介
假道止而誓也言賓南面專威信者此聘禮雖非軍事亦是

梱外之事使專威信故南面若君然也知史於衆介之前北面讀書者以經言衆介北面則言史讀書明亦北面與衆介同北面又賓南面復對之故也云君行師從已下定四年召陵之會祝佗辭引之者此聘使有旅從恐暴掠也

未入竟壹肄謂於所聘之國竟也肄習也習聘之威儀重失誤〔疏〕未入竟壹肄○注謂於至失誤○釋曰自此盡私事論雖未至主國預習聘享威儀之事此與下文爲目所習之禮事在下云謂於所聘之國者鄭解未入境境謂所聘之國境未入也

爲壝壇畫階帷其北無宮壝土象壇也帷其北宜有所鄉依也無宮不壝土畫外垣也〔疏〕爲壝至無宮○注壝土至垣也○釋曰案覲禮與司儀同爲壇三成宮方三百步此則無外宮其壝土爲之無成又無尺數象之而已云帷其北宜有所鄉依者雖不立主人賓介習禮宜有所向故帷其北也云無宮不壝土畫外垣也者不壝土爲宮是畫外垣垣牆壝土爲外牆土今則不畫宮也

朝服無主無執也不立主人主人尊也不執玉不敢褻也徒習其威儀而已〔疏〕朝服至執也○注不立至而已○釋曰云不立主人主人尊也者主人則主國君受聘享者不立臣作君故云主人尊也

介皆與北面西上入門左之位也古文與作豫〔疏〕○介皆至西上○注入門至作豫○釋曰此所習之禮不習大門外內及廟門內之禮者以其於外威儀少而易行故畧之但習入廟聘享揖讓升降布幣授玉之禮是以直云北面西上之位也云入門左之位者案下文云賓入門左介皆入門右北面西上是也習享士執庭實士士介也庭實必執之者皮則有攝張之節〔疏〕習享士執庭實○注士士至之節○釋曰享時庭實旅百獻國所有非止於皮知所執是皮者以其金龜竹箭之等皆列之於地不執之所執者唯有皮而已是以下聘時賓升致命授玉之時執皮者張之以見文是以特言執也是以云皮有攝張之節習夫人之聘享亦如之習公事不習私事公事致命者也〔疏〕習夫至私事○注公事致命者也○釋曰云習夫人之聘享亦如之者以其行聘君訖則行聘夫人行享君訖即行享夫人還君受之一如受君禮故云亦如之也云習公事者謂君聘享夫人聘享及問大夫皆致君命故鄭云公事致命者是以下文行君聘享及夫人聘享訖擯出請賓告事畢鄭注云公事畢又問卿時云卿大夫升堂北面聽命賓東面致命鄭

注云致其君之命皆公事致命者也私事者謂私覿於君私面於卿大夫故下文賓覿入門右注云私事自闑右是又問卿訖賓西面如覿幣入門右大夫辭賓遂左注云見私事賓雖敵謙入門右爲若降等然是也若然大夫之幣不在朝付之至郊乃付之避君禮不請非公事

及竟張旃誓

及至也張旃明事在此國也張旃謂使人維之

疏及竟張旃誓○注及至至維之○釋曰自此盡入境斂旃論賓至主國之境謁關人見威儀之事云張旃明事在此國者以其行道斂旃及竟張旃明所聘之事在此國故張旃以表其事也是以鄭云明事在此國也云張旃使人維之者案禮緯稽命徵云大夫杠五刃齊於較較崇八尺人又長八尺人維得手及之者蓋以物接之乃得維持之案節服氏掌祭祀朝覲六人維王之大常諸侯則四人但大常十二旒人有六則一人維持二旒鄭云維之以縷用緣維之大夫無文諸侯四人不依命數大夫或一人或二人維持之

乃謁關人

謁告也古者竟上爲關以識異服識異言

疏乃謁關人○注謁告至異言○釋曰古者境上爲關者王城十二門則亦通十二辰有一門一關諸侯未知幾關魯廢六關半天子則餘諸侯亦或然也云關譏異言案王制云關譏而不征注亦云幾幾異服異言二注

皆無正文案周禮司門云幾出入不物者注云不物衣服視占不與衆同鄭以出入不物幾之則不物中含有此異服異言云衣服視占不與衆同則是異也但周禮司關上士二人中士四人又云每關下士二人但司關爲都摠主十二關居在國都每關下士二人者各主一關今所謂關人者謂告每關關人來告司關司關爲之告王故司關職云凡四方之賓客叩關則爲之告是也

關人問從者幾人欲知聘問且爲有司當共委積之具

〔疏〕關人至幾人○注欲知至之具○釋曰不問使人而問從者關人卑者不敢輕問尊者故問從者云欲知聘問者問得從者即知使者是大聘亦知使者是小聘知者以君行師從一州之民鄉行旅從一黨之人若大夫小聘當一族之人百人也且謂有司當共委積之具者賓客入竟當於廬宿市設少日委多日積是爲行道之具也

以介對以所與受命者對謙也聘禮上公之使者七介侯伯之使者五介子男之使者三介以其代君交於列國是以貴之周禮曰凡諸侯之卿其禮各下其君二等

〔疏〕以介對○注以所至二等○釋曰云以所與受命者對謙也者上問從者幾人當爲鄉行旅從對今不云而以介與受命者對是謙也聘禮上公之使七介至三介皆禮記聘義文而云聘禮者聘義亦

得言聘禮也云以其代君交於列國是以貴之貴之者隨國大小節級與之介以副使者是貴之也引周禮者欲見貴之繅下其君二等而已也鄭注周禮二等謂介與朝位賓主之閒也

君使士請事遂以入竟

請猶問也問所為來之故也遂以入因道之

〔疏〕君使至入竟○注請猶至道之○釋曰君得闕人告即知為聘來使士迎之故聘義云君使士迎于竟是也而云使士請事君子不必人故知而猶問也云遂以入竟者若然向來賓之問猶停關外君使士請訖乃導以入竟

入竟斂旜乃展

復校錄幣重其事斂旜變於始入

〔疏〕入竟斂旜乃展○注復校至始入○釋曰自此盡賈人之館論三度展幣之事云重其事者亦恐有脫漏失錯故云重其事不可輕也斂旜變於始入者上及竟張旜注云事在此國也此則入竟後乃斂斂之者謂若初出至郊斂旜鄭云行道耳未有事也此亦及竟亦有事於此國張之始入張之去國遂更是行道未有事故鄭云變於始入始入時亦有事於此國今是行道去之故云變於始入也

布幕賓朝服立于幕東西面介皆北面東上賈人北面坐拭圭

拭清

也側幕而坐乃開櫝【疏】布幕至拭圭○注拭淸至開櫝○釋曰賔西面者雖不對君由是臣道異於前誓時不威信也知賈人側幕者以其幕所陳皆賈人所主此圭雖不陳亦宜側近於幕以開圭也知賈人坐者下文聘時於廟門外賈人開圭坐授上介故知此亦坐遂執展之持之而立告在【疏】遂執展之○注持之而立告在○釋曰此經告訖下文乃云上介北面視之則此所告者告賔云在上介乃視之上介北面視之退復位言退復位則視圭進違位【疏】上介至復位○注言退至違位○釋曰鄭言此者見經直有退文不見其進故云則視圭進也違位之言出於曲禮曲禮云揖人必違其位鄭云禮以變爲敬今此進違位亦是敬也退圭圭璋尊不陳之【疏】退圭○注圭璋尊不陳之○釋曰尊不陳對下文拭璧加于左皮上陳之爲卑故也上不言璋直言圭下乃言夫人之聘享則璋未拭而并言璋者欲見皆不陳故陳皮北首西上又拭璧展之會諸其幣加于左皮上上介視之退會合也諸於也古文曰陳幣北首【疏】陳皮至之退○注會合至北首○釋

日璧言合諸幣者享時當合故今亦合而陳之故小行人云合六幣六幣亦是所享之物故也

馬則幕南北面奠幣于其前前當前幕上。展夫人之聘享亦如之賈人告于上介上介告于賓展夫人聘享上介不視貶於君也賈人既拭璋琮南面告於上介上介於是乃東面以告賓亦所謂放而文之類

〔疏〕展夫至于賓。注展夫至之類。釋曰知面位如此者其賈人北面在幕南上介亦北面明賈人既拭夫人聘璋享琮訖乃迴身南面告上介上介於是還東面告賓可知也云所謂放而文之類者所謂禮器文案禮器云有放而文也注云謂若天子服日月以至黼黻是天子衣放象日月以下而爲文今夫人聘享展訖但上介不視至於賈人南面告上介上介。東面告賓放象君禮而爲文變是其類也

有司展羣幣以告羣幣私覿及大夫者有司載幣者自展自告

〔疏〕有司至以告。注羣幣至自告。釋曰云羣幣私覿及大夫者上展君及夫人幣訖此言有司展羣幣故知是私覿及大夫者私覿者行君夫人聘享訖賓以私禮已物見主君云大夫者亦謂賓以已物面主國之卿必知私覿之幣

是賓介自將已物者以經記上下唯有君及夫人聘享及問大夫聘之幣付使者之文不見有付賓介私覿之幣又案下文賓將還云遂行舍于郊公使卿贈如覿幣使下大夫贈上介亦如之使士贈衆介如其覿幣還至本國陳幣于朝云上賓之公幣私幣皆陳上介公幣陳他介皆否注云此幣使者及介所得於彼國君卿大夫之贈賜也其禮於君者不陳公幣君之賜也私幣卿大夫之幣也至於賓反命訖君使宰賜使者及介幣以此言之彼國所報私覿之幣還與賓介明知私覿是賓介私齎行可知也夏官校人云凡國之使者皆供其幣馬鄭注使者所用私覿若然彼使者謂天子使卿大夫存覜省問諸侯之事使者得之行私覿私覿之馬校人供之與諸侯禮異也

及郊又展如初

郊遠郊也周制天子畿內千里遠郊百里以此差之遠郊上公五十里侯伯三十里子男十里也近郊各半之

〔疏〕及郊至如初○注郊遠至半之○釋曰云周制天子畿內千里者周禮大司徒云制其畿方千里據周禮而言其自殷已上亦畿方千里商頌云邦畿千里唯民所止夏亦千里王制云天子縣內方千里鄭據夏時禹貢方千里曰甸服據唐虞畿內是也云遠郊百里者司馬法文畿方千里王城面五百里以百里爲遠郊若公○百里中置國城面二百五十里故遠

郊五十里自此已下至子男差之可知云近郊各半之者亦約周天子遠郊百里近郊五十里亦無正文尙書君陳序云命君陳分正東郊成周鄭注周之近郊五十里今河南洛陽相去則然鄭以目驗知之若然天子近郊半遠郊則諸侯近郊各半遠郊可知也

及館展幣於賈人之館如初館舍也遠郊之內有候館可以小休止沐浴展幣不于賓館者爲主國之人有勞問已者就焉便疾也〔疏〕及館至如初○注館舍至疾也○釋曰案周禮遺人職云十里有廬三十里有宿五十里有市市有候館畿內道路皆有候館鄭云遠郊之內有候館者據此候館在遠郊之內指而言之不謂於此獨有也以行道之閒停息故云小休止沐浴又得展幣也云展幣不于賓館者爲主國之人有勞問已者就焉便疾也者若并在賓館則事煩不疾若展幣於賈人之館其賓館受勞問是以就賈人之館展幣便疾也案大行人諸侯朝天子上公三勞侯伯再勞子男一勞孤不問一勞諸侯自相朝無過如朝天子遣臣相聘無過一勞此下文使卿近郊勞此乃遠郊之內得有此勞問已者謂同姓舅甥之國而加恩厚者別有遠郊之內問勞也

賓至于近郊張旜君使下大夫請行反

君使卿朝服用束帛勞請行問所之也雖知之謙不必也士請事大夫請行卿勞彌尊賓也其服皆朝服〔疏〕賓至至帛勞○注請行至朝服○釋曰自此盡遂以賓入論主君使大夫及卿行請勞之事入近郊張旜者示將有事以自表也知皆朝服者以卿勞禮重尚朝服明以外士大夫輕者朝服可知也故舉後以明前也上介出請入告賓禮辭迎于舍門之外再拜出請出門西面請所以來事也入告入北面告賓也每所及至皆有舍其有來者者皆出請入告于此言之者賓彌尊事彌錄〔疏〕上介至再拜○注出請至彌錄○釋曰云入北面告賓也者此時賓當在賓館阼階西面故上介北面告賓也云每所及至皆有舍其有來者皆出請入告于此言之者賓彌尊事彌錄者道皆有廬宿市來之舍前出請士大夫請行亦當出請入告於此始言之者先士次大夫後卿以是先卑後尊今復見此言故云賓彌尊事彌錄也勞者不荅拜凡爲人使不當其禮〔疏〕勞者不荅拜○注凡爲至其禮○釋曰言凡者非直此卿爲君勞賓不敢當其禮不荅拜聘賓亦初入大門主君拜賓辟不荅拜也如此之類皆然故云凡以該之至後

儐勞者與之荅拜爲已故也賓揖先入受于舍門內不受于堂此主於侯伯之臣也公之臣受勞於堂〔疏〕賓揖至門內○注不受至於堂○釋曰知公之臣受勞於堂者案司儀云諸公之臣相爲國客及大夫郊勞三辭拜辱三讓登聽命是公之臣受勞於堂之事勞者奉幣入東面致命東面鄉賓〔疏〕勞者至致命○注東面鄉賓○釋曰賓在館如主人當入門西面故勞者東面向之也賓北面聽命還少退再拜稽首受幣勞者出北面聽命若君南面然少退象降拜〔疏〕賓北至者出○注北面至降拜○釋曰云北面聽命若君南面然云少退象降拜者下文歸饔餼大夫東面致命賓降階西面再拜稽首是此象之也若然此行尊卑禮訝受法歸饔餼時。上北面受幣此在庭亦當北面訝受幣勞者南面可知也授老幣老賓之臣〔疏〕授老幣○注老賓之臣○釋曰大夫家臣稱老若趙魏臧氏老之類也出迎勞者欲儐之〔疏〕出迎勞者○注欲儐之○釋曰司儀注云上於下曰禮敵者曰儐此言儐者欲見賓以禮禮使者故云欲儐之勞者禮辭賓揖先入勞者從之乘皮設設於門內也物四曰乘皮麋鹿皮也〔疏〕勞者至皮設○注設於至皮也○釋曰庭實當三分庭一在南設之今以儐勞者在庭故設於門內也云皮麋鹿皮者鄭於下注云君於臣臣於君麋鹿皮可者以無正文知用麋鹿皮者案郊特牲云虎豹之皮示服猛也彼諸侯朝享天子法用虎豹此臣聘君降於享天子法用一麋鹿皮故齊語云齊桓公使諸侯輕其幣用麋鹿皮四張亦一偶也

賓用束錦儐勞者言儐者賓在公館如家之義亦以來者爲賓〔疏〕賓用至勞者○注言儐至爲賓○釋曰云言儐者賓在公館如家之義亦以來者爲賓者凡言儐者謂報於賓今以賓館故賓若主人故云儐勞者即以勞者爲賓故也

勞者再拜稽首受稽首尊國賓也〔疏〕勞者至首受○注稽首尊國賓○釋曰周禮大祝辨九拜一曰稽首首至地臣拜君法二曰頓首頭叩地平敵相於。法三曰空首首至手君荅臣下拜法郊特牲云大夫之臣不稽首非尊家臣以辟君也今此勞者與賓同類不頓首而稽首故云尊國賓也下賓亦稽首送者以是爲君使故亦稽首以報之也

賓再拜稽首送幣

受送拜皆北面象階上〔疏〕注受送至階上○釋曰知受送拜皆北面象階上者此經而位無文案歸饔餼賓儐大夫時賓楹閒北面授幣大夫西面受此賓亦宜與彼同北面授還北面拜送若然云受送拜皆北面者誤當云授送拜皆北面並據賓而言也

勞者揖皮出乃退賓送再拜揖皮出東面揖執皮者而出〔疏〕勞者至再拜○注揖皮至而出○釋曰知東面揖執皮者以其執皮者在門內當門勞者在執皮之西故知東面揖皮可知揖之若親受之又執皮者是賓之使者執皮者得揖從出勞者從人當訝受之是以公食大夫禮云賓三飯公侑食以束帛庭實設乘皮賓受幣賓出揖庭實出鄭云揖執皮者若親受云上介受賓幣從者訝受皮則此從者亦訝受可知也

儀禮疏卷第十九

大清嘉慶二十一年
用文選樓藏本校

江西督糧道王賡言廣豐縣知縣阿應鱗栞

儀禮注疏卷十九挍勘記　　阮元撰盧宣旬摘録

聘禮第八

歲相問　毛本通解有也字

入竟張旜　陳本通解要義同毛本入作及

瑑圭璋八寸　毛本瑑誤從土

聘禮

爲久無事須聘　毛本須作明○按須是也

遂命使者

使者自在謀内　要義同毛本在作其

宰命司馬戒衆介

諸侯謂司徒爲宰　張氏曰注曰諸侯謂司徒爲宰又曰宰夫宰之屬也按釋文云大宰音泰下放此自宰命司馬而下皆不見大字古者天子有大宰諸侯則以司徒兼爲之疑注司徒爲宰之句合稱大宰又燕禮注曰宰夫大宰之屬大射注曰宰夫冢宰之屬公食大夫注曰甸人冢宰之屬又曰司宮大宰之屬彼不兼大則兼冢此不應獨稱宰之屬故又疑注宰之屬也之句亦有大字增二大從釋文○按集釋此注有大字下注無

吾子爲司徒　要義同通解楊氏毛本吾子俱作季孫

司徒掌十二教今　陳監要義同毛本今作令

宰書幣

宰卽上命司馬兼官者也　馬要義作徒

管人布幕于寢門外

云館人　要義同毛本館作管○按作館是也

爲帷宮毛本同陳閩監本要義宮俱作官○按周禮掌舍作宮

云幕以承幣者要義同毛本云下有布字○按注文有布字

使者北面

使者須視幣陳閩本通解同毛本視作親○按視是也

宰執書告備具于君

云史展幣畢要義同毛本無史字○按有史字與注合

釋幣

象天三覆地二也要義同毛本二下有載字

鄭志荅云要義同毛本通解楊氏志俱作元

又釋幣于行

此謂平地道路之神 要義同毛本地作治

喻無險難也 金曰追云諭今誤喻按喻者諭之或作字

今時民春秋祭祀 要義同毛本祀作神○按祀與注合

古之餘禮乎者 要義同毛本餘作遺○按遺與注合

此禮行神 毛本同通解禮作祭

行在廟門外之西 要義同毛本在作至○按在字與月令孟冬注合

使者載旜

凡平諸侯三門 要義同毛本凡下無平字○按平字誤

賈人西面坐啟櫝

在官知物賈者 賈楊氏作價○按賈正字價俗字

下記云絇組尺　陳閩通解要義楊氏同毛本記作謂○按記是也

鄭亦爲之繅　要義同毛本通解爲作謂

受享

取其半圭也　諸本同毛本圭作珪

天地配合之象也　配釋文作妃云本亦作配集釋作妃

瑑圭璋璧琮以覜聘　覜葛本集釋俱作頫

則此束帛　要義同毛本帛作幣○按帛是也

但未知正用何色耳　要義同毛本正作圭○按正是也

遂行舍於郊

凡爲君使　使下楊氏有者字

乃即道者要義同毛本者作也○按依下文述注則此處當作也者

及遂朝君受命陳本通解要義同毛本及作乃

於此所脱舍衣服毛本無所字○按所疑衍文

若過邦

直徑過要義同毛本徑作經○按徑是

故與諸侯相聘同同要義作問

下大夫取以入告

若許受幣毛本通解若下有因字許下有道字

餼之以其禮

牛羊右牽之要義同毛本右下有手字○按曲禮云效馬效羊者右牽之此涉彼文而誤脱也下

文注疏並作牛羊右手牽之

餼臧石牛 要義同毛本臧作藏

稟受也 要義同毛本稟下有者字

而依君致饔餼者 毛本君作者○按君是也

大夫餼賓禮無芻禾 毛本無字在餼下

致之用束帛 毛本帛在之下

士帥沒其竟 毛本帥誤作師

誓于其竟○司馬執策 徐本敖氏同釋文毛本策作筴云音策集釋通解楊氏亦俱是筴

史於衆介之前 徐本集釋通解楊氏敖氏同毛本史作使

復對之故也云 毛本故也作也故○按毛本是

未入竟壹肆 壹釋文集釋俱作一

介皆與

布幣授玉之禮 通解要義楊氏同毛本授作受

介皆入門右 浦鏜云左誤右○按浦云是也

習享

皆列之於地 通解要義同毛本無之字

習夫人之聘享

及夫人聘享訖 陳本要義同毛本夫人作大夫○按夫人是也

又問卿時云 卿閩本作鄉

及竟

大夫杠五列　通解同毛本杠作扛

乃謁關人

以譏異服　釋文作幾云本亦作譏集釋亦作幾

亦或然也　亦要義作理

云關譏異言　要義同毛本作云關譏異服識異言者

幾幾異服異言　要義同毛本上幾字作譏陳閩俱無○按今王制注作譏譏異服識異言

凡四方之賓客　要義無之字○按周禮有

關人問從者幾人

當共委積之具　陸氏曰共本或作供同後放此

當一族之八百人也　毛本族作旅陳閩俱誤作放監本作族之下陳閩俱無人字○按旅

是也

且謂有司　要義同按各本注俱作爲

以介對

是以貴之貴之者　貴之二字陳閩俱不重

欲見貴之　毛本欲作彼

君使士請事

乃導以入竟　毛本導作道○按導是也

入竟

乃歛歛之者　陳閩毛本俱不重歛字

馬則幕南北面

當前幕上　上楊作南

展夫人之聘享

所謂禮器文案禮器云　毛本無案字陳閩俱無禮器文三字

至于賈人南面告上介上介東面告賓　毛本上介二字不重出

有司展羣幣以告

不見有付賓介私覿之幣　陳閩要義同毛本有作其○按有是

及郊

畿方千里王城面五百里　要義同毛本王字在畿上

若公百里　要義同毛本公下有五字通解同

鄭以目驗知之　要義同毛本目作自按目是

及館

有候館者據此候館要義同毛本者作若據此作此據通解要義俱作據此

諸侯自相朝無過如朝勞按朱本已誤如朝當作無過再

上介出請入告

其有來者者皆出請入告毛本下者字作與徐楊集釋俱無與字與疏合嚴本與作者張氏曰注曰其有來者者巾箱杭本同監本無一者字按釋文云者與音餘蓋傳寫者誤以與字作者爾監本以其重複遂去其一尤非也從釋文朱子曰此非疑詞不當音餘疑本介字

出請士要義同毛本作士請事

賓北面聽命

云少退毛本無云字○按此本有云字非也

賓降階西面　浦鏜云誤衍面字

上北面受幣　毛本通解上上有堂字

授老幣

若趙魏臧氏老之類也　通解要義同毛本臧作藏非也

勞者再拜稽首受

平敵相於法　通解要義同毛本於作拜

賓再拜稽首送幣

賓楹間北面授幣　通解同毛本授誤作受

大夫西面受　朱子曰西面當作南面

當云授送拜皆北面　送拜通解倒

儀禮注疏卷十九挍勘記終

奉新余成教挍

傳古樓景印